比爾·蓋茲是這樣教出來的

成功的關鍵，就在人格的養成！

老比爾·蓋茲
&瑪麗·安·麥欽 著
洪蘭 譯

SHOWING UP *for* LIFE
Thoughts on the Gifts of a Lifetime

BILL GATES, SR.
with Mary Ann Mackin

四十位各界名人一致誠摯推薦！

——依姓名筆劃序排列——

王文靜｜商周集團執行長｜

王若彤｜Baby Home寶貝家庭親子網營運長｜

朱立倫｜前行政院副院長｜

朱衛茵｜名主持人・作家｜

吳淡如｜知名作家｜

吳重雨｜交通大學校長｜

吳娟瑜｜國際演說家｜

何琦瑜｜《親子天下》總編輯｜

李偉文｜親子教育作家｜

林書煒｜資深媒體人｜

林新發｜台北教育大學校長｜

林麗華｜景美女中校長｜

胡志強—台中市市長—

侯佩岑與媽媽林月雲—藝人—

夏韻芬—財經節目主持人—

洪蘭—中央大學認知神經科學所教授—

徐莉玲—學學文創志業董事長—

孫越—終身義工—

張碧娟—北一女中校長—

張德芬—身心靈作家—

張國恩—師範大學校長—

陳之華—親子作家—

陳力俊—清華大學校長—

陳安儀—人氣親子部落客—

陳長文—中華民國紅十字會總會會長—

陳藹玲—富邦文教基金會執行董事—

郭煌宗—微龍教育基金會董事長—
郭瑞祥—台灣大學商研所教授—
黃郁宜—中山女中校長—
曾志朗—中央研究院院士—
黑幼龍—卡內基訓練負責人—
游乾桂—心靈作家—
楊俐容—親職教育工作者—
詹宏志—PChome Online網路家庭董事長—
劉欽旭—全國教師會理事長—
蔡炳坤—建國高中校長—
賴明詔—成功大學校長—
盧峯海—陽明海運集團董事長—
戴勝益—王品集團董事長—
嚴曉翠—精英公關執行長—

譯序
用心，做孩子的典範！

——中央大學認知神經科學所教授——洪蘭

我因時間有限，許多喜愛的書都不能去翻譯，只能集中精神去翻譯認知神經科學方面的新書，所以常常有遺珠之憾。這次皇冠寄書給我時，說實在話，打開一看，是比爾・蓋茲的爸爸寫的，心中第一個念頭是：又是官大學問大，一人得道，雞犬升天，成功的人一家子都是天才的那種書。但是畢竟接受過一點科學訓練，知道沒有證據的意見是偏見，所以在退回之前還是先拿起來看一下。想不到，一看就覺得這本書非常好、值得翻譯，因為作者言語樸實中肯、觀念正確、態度積極，是世界公民的好榜樣。我很贊同他的許多觀點，更欣賞他的幽默，例如有一次他去微軟員工年會演講，底下人看他是個老頭，都不安靜地聽，於是他說：「沒有我，你們今天都不會在這

裡。」底下哄堂大笑，就全神貫注聽他講了。作者以誠實的態度來面對所有的問題，在閱讀的過程中，你會因喜歡這個人而忘記他是比爾・蓋茲這個世界首富的父親，相信讀者看完會跟我有同感。

當記者問他，他是怎麼教的，教出像比爾・蓋茲這樣優秀的三個孩子時，他想了一下，很誠實地說：「我也不知道，我只是盡量參與他們的生活，以身作則給他們看而已。」這句話說得太好了，教養孩子無他，身教而已。做父母的最需要的就是「參與」，參與孩子的大小活動，因為只有參與才會有了解，有了解，溝通才會順暢。

兒童發展研究發現所謂的青春風暴期，除了青少年體內荷爾蒙大量湧出的原因之外，另一個原因是溝通管道的不暢通。這個年齡的孩子常覺得父母不關心他，或關心太多，或關心的方式不是他要的，反正怎麼做都不對，常令父母抓狂。但是如果平常有參與孩子生活，只要孩子情緒一有不對勁，立刻化解，就不會累積起來變成滾雪球，一發不可收拾。所以作者說，他雖然做律師，業務很忙，還是盡量抽空參加孩子學校活動及球賽。孩子打球時，

一上場，眼睛一定往觀眾席上掃描，就是希望看到父母有來觀賽。在那個時期的孩子非常在意父母對他的看法，希望父母以他為榮。最近賓州州立大學的研究發現孩子說謊的頭號原因是不想讓父母對他失望，這份報告出來很令父母震驚，叛逆的孩子其實心中還是希望取悅父母，只是能力或經驗不足，弄巧成拙，馬屁拍到馬腿上而已。父母從來沒有想到孩子做出令他生氣的壞事，原來背後的原因是希望討好他。看到台灣現在這麼多不快樂的孩子，我加緊翻譯，希望給父母一個不同的角度來看孩子。

作者說他從小就是童子軍，參與很多社會公益活動，長大後，他與太太都是社會上慈善活動很活躍的人，他的身教影響了比爾‧蓋茲，使他後來把錢捐出來成立基金會，幫助非洲的兒童。

他在書中一再強調把握機會影響孩子的價值觀。許多父母都有這個經驗：孩子十二歲，六月份，未畢業前是小學生，你要牽他的手過馬路，他會讓你牽，但是到了九月份一開學變成國中生之後，他就不肯讓你牽，叫你不要這樣肉麻，等到上了高中就變成你走前面，他走你後面，假裝不認得你

了。我看到這位父親這樣花心思教育孩子，很是感動，覺得應該盡快把它翻譯出來，讓很多父母了解孩子的童年是一縱即逝，要把握住教導他的機會，至少把自己的人生觀、價值觀教給他。時光是一去不回頭，失去了親子共處的機會會變成終身的遺憾。養孩子的樂趣就在每天看著孩子成長、成材，你如果不花時間跟他在一起，又何必生他呢？做父母的最不應該就是生而不養、養而不教。沒錯，現代人很忙，常常忙到連飯都來不及吃，但是人生本來就不可能什麼都全有，自己要做選擇，應該早早把優先順序排出來，選重要的做。孩子是我們一生最大的投資，金錢財富可以再賺，只有教養孩子的機會失去了不會再有，作者的智慧是值得天下父母借鏡的。

比爾・蓋茲成功後，很多人恭維他，說他的兒子是天才，這位父親自己說，孩子是不笨，但是跟他一樣聰明的孩子多得是，他孩子比人強的地方在於他有熱情，能鍥而不捨去追求夢想，成功不是僅靠聰明，智慧和熱情兩者不可缺一。我認為他這個做父親的也有智慧，懂得放手，想想中國的父母親大概很少能像他一樣，孩子哈佛唸到二年級肯讓他輟學去追夢。

英文有句諺語：「沒有什麼叫天才，放對了niche（位置），讓孩子能力發展出來就是天才。」只是很多父母不知孩子的能力在哪裡。其實，只要是自己帶的孩子，稍加注意，一定會知道他的長處在哪裡，就像作者說的，他帶三個孩子去迪士尼樂園玩，出發前，他給每個孩子二十元美金的零用錢，回來時，他馬上知道他的大女兒是走會計師的路，因為她拿了一個小本子記帳，路上花的每一分錢都登記下來，回到家，她把本子上登記的帳跟她皮包中的零錢一比對，一分都不少，他就立刻知道這孩子以後應該做會計師了。

所以只要是自己帶的孩子，父母一定知道孩子的天分和興趣，因為他們在生活上會不知不覺把他們的喜好流露出來，父母稍加留意就看到了。看到現在有孩子懷孕足月到學校生了嬰兒，父母都不知道，心中實在覺得很難過。

教養孩子無他，用心而已，用心教他、帶他、陪他，他自然會以最好的成就回報你。這本書，作者從他自己小時候觀察他的父親如何參與鎮上的公

共事務，到他如何把這個「參與」的公民責任再傳到他小孩身上，是一本很好的回憶錄。成功沒有偶然，它絕對是智慧、熱情與毅力的成果。

推薦序

Download幸福驅動程式

——中華民國紅十字會總會會長——**陳長文**

如所周知的，電腦有軟、硬體之分，硬體容量、系統穩定度等固然重要，但是如果沒有相容且適當的軟體來加以驅動，也無法發揮為我們所用、為人類社會創造更美好生活的目的。當然，如果電腦能更進一步再加上網際網路的串聯，乃至雲端運算技術的加持，那麼，內攻外應、功效相乘的結果，科技資訊所能激發出的創意，也就更不可限量。

《比爾．蓋茲是這樣教出來的》這本書，不妨也可以從同樣的角度來作解讀。蓋茲老爸、老媽把比爾．蓋茲生得帥氣挺拔，固不待言，但更重要的是，究竟蓋茲的父母是「灌入」什麼樣的軟體，才將比爾．蓋茲驅動得對人類社會能有如此重大的貢獻呢？事實上，比爾．蓋茲是在經歷了蓋茲老媽十

月懷胎，再經過「家庭」這個重要中介的養成之後，才有今天的模樣。蓋茲家就是孕育比爾・蓋茲的第二個懷抱。

現在蓋茲老爸把驅動比爾・蓋茲的程式大方公開。透過書中一個一個發人深省的故事，實在值得我們反覆咀嚼體會，關鍵密碼盡在其中！

事實上，蓋茲老爸同意出版本書，願意開放程式碼，分享教養經驗，就是再一次的完整家教示範。

他說「我發現我的經驗可能對別人有用，或至少有別的家庭會對我的經驗感興趣。這麼多年來，作為一個父親、律師、社會運動者、公民，我學到一個課程，希望能在這本書中傳遞出去。這個課程就是：我們是命運共同體，而我們需要彼此。」是的，「我們是命運共同體，而我們需要彼此。」正是驅動比爾・蓋茲能有今天成就的核心觀念。

而這也正與長文所持續呼籲的「幸福，是總體的概念」若合符節。黎巴嫩文豪紀伯倫曾說：「如果沒有愛你的心和你愛的心，那你不過是一粒飄蕩的塵埃。」換言之，縱使讓你家財萬貫、闔家安樂，但是當你看到

你自家門口有乞討的小孩的時候，你不會快樂。人要被很多人愛，也要能愛很多人，世界才會更美好。

幸福是總體概念，自己一個人幸福，其他人不幸福，事實上是沒辦法成就自己的幸福。不要忽視個別的力量，要視總體幸福為己任。《禮記》〈禮運大同篇〉：「老吾老以及人之老，幼吾幼以及人之幼。」正是你我心中真正總體幸福的實踐。

此外，平安文化的出版貢獻，也值得關注。這就像網際網路或是雲端技術一樣，透過出版行銷與讀者家家戶戶的閱讀實踐，將你家、我家與蓋茲家，緊密地連結起來，形成一個無遠弗屆的幸福迴圈，讓世界可以更盡善美好。

Download幸福驅動程式，還等什麼？現在就按「下載」、「確定」，並立刻「執行」吧！

推薦序

蓋茲家的善行N次方

——中央研究院院士——曾志朗

擁有「比爾．蓋茲爸爸」之頭銜，這本書的作者，「老」比爾．蓋茲，大可以談談自己如何教子養兒的秘訣，也可以爆一兩件「小」比爾．蓋茲的怪癖，以滿足全世界的網友對這位微軟創造者的好奇。但這本書一點都沒有刻意去標榜小蓋茲的豐功偉業，也沒有提供一些如何「育兒成大材」的教戰手冊，甚至也沒有留下任何足以留傳後世的傲人「家訓」！但是從頭到尾這本書所敘述的個人和團體公益活動的事蹟，一再地讓我感動，也一再地讓我體會到，參與善行其實是很自然的社會活動。

老蓋茲本著法律人的冷靜，娓娓說出他們一家人的生活智慧，要心胸寬大，要學習如何失敗，要尊重別人對你的信任，要找到工作的意義，要高瞻

遠矚，要創造你希望看到的改變，要永不停止地學習，而且從一出生就必須如此！

這些都是我們熟知的一些格言，但老蓋茲不是空談，而是看到家裡的親友如何和社會需求互動，他們不約而同都成為善行的志工。其實蓋茲的家教，就是用關懷別人的行為，把每一個人都串連起來！因此我們很容易就感受到這一家人，以基督教的精神，自然而然的就會去幫助每一個需要被幫助的人，而且在有較充足的經濟條件時，又很自發性的把關懷行為散佈到世界的各個角落。

我實在很認同他書裡引用的一句話，「一個偉大的老師不是他教了什麼科目，而是他設下典範，他留下了身教！」做為一位在教育的崗位上奮鬥了四十年的老師，我不停地回想這句話，希望自己也能留下身影，讓後來的學子，在我走過的路上，跑得更為穩健！

推薦序

教出既成功又快樂的孩子

──建國中學校長──蔡炳坤

未久之前，參加了一本名為《教出快樂的孩子》的新書發表會，名製作人王偉忠先生說了一句頗耐人尋味的話：在台灣社會裡，要教出「成功」的孩子或許比較容易，要教出「快樂」的孩子實屬不易。

是的，成功與快樂這兩個概念，的確可以組合出以下四個象限：成功且快樂、成功但不快樂、不成功但快樂、不成功且不快樂。讓孩子既能快樂學習又能夠獲得成功，確實是所有為人父母、為人師者最大的期待。從這樣的角度看來，老蓋茲顯然教出了既成功又快樂的孩子比爾‧蓋茲。

《比爾‧蓋茲是這樣教出來的》一書，道出了老蓋茲一生為人處世的態度、原則，以及一路走來身為律師、丈夫、父親與慈善家的心路歷程，就

某種程度而言，其實也算是他一生的傳記，誠如他在書的開頭所說：本書獻給我一生中所遇見的世界級的參與者，他們一直是我的激勵者，使我向前行。另一方面，當然也就很自然地呈現出他教導子女的秘訣，說到秘訣，當有人問道：「你怎樣教出像比爾・蓋茲這樣的孩子的？你的秘密是什麼？」老蓋茲總是對著自己說：「這是個秘密沒錯，因為我自己也不曉得！」在我看來，那是因為「精誠所至、金石為開」，無須太多的言語，身教自在不言中。

然而，要如何教出既成功又快樂的孩子呢？這還是大家都想一睹究竟的真相，畢竟比爾・蓋茲的成長與學習讓大家深感興趣，總希望「有為者亦若是」。老蓋茲在書中透露了邁向成功的必修課：積極投入，就能享受面面俱到的成功人生；讓心胸更開闊，創造出你希望看到的改變；如果要成就任何有意義的事，只有辛苦地工作；你帶給家人的與你的家人帶給你的，遠比你想像的多更多；世界是我們的，與人為善，就是與自己為善。

讀來鏗鏘有力、深富哲理，真是一語中的，令人印象深刻，我以五句箴

言加以歸納整理，那就是：用心良苦、積極投入；眼界放寬、高瞻遠矚；態度堅定、無畏挑戰；胸襟廣闊、熱情分享；夢想成真、止於至善。

在老蓋茲所分享的人生智慧中，最令我佩服的是「世界是我們的，與人為善，就是與自己為善。」世界首富比爾・蓋茲一直以來致力於慈善公益事業，他不只財富第一，捐獻也是第一，他捐出了大部分的財富去幫助開發中國家，以及需要特別關懷的弱勢族群。這樣的付出得到了世人極高的肯定與讚賞，也同時讓他在各種評比中都名列全球最有影響力、最有貢獻的人士之一，確是名實相副、實至名歸。《比爾・蓋茲是這樣教出來的》這本書，真是教養子女的最佳典範，足以讓普天下為人父母者從中汲取教養之方：和孩子一起成長與學習、與孩子共同面對挑戰、做孩子一生的榜樣。這本書也是教導學生的經典教材，足以讓全世界為人師者從中獲得育才之道：亦師亦友教學相長、以學生之創意為師、以全人類之幸福為念。忝為教育工作者，深受感動之餘，樂予以推薦並為序言，以與眾多讀者們分享。

本書獻給我一生中所遇見的世界級的參與者，
他們一直是我的激勵者，使我向前行。

目錄

爸爸，下次有人問你，你是不是真的比爾・蓋茲時，
我希望你回答：「是。」我希望你告訴他們，
你是另一個比爾・蓋茲一直努力想成為的人。

——**比爾・蓋茲**

關於「思考」的一些反思

Some Second Thoughts About Thinking

在微軟成功的頭幾年，當我兒子的名字開始變得家喻戶曉時，每一個人，從《財星》雜誌的記者到市場結帳人員都來問我：「你是怎麼教出像比爾·蓋茲這樣的孩子的？秘密是什麼？」

在那種時刻，我都在心裡對自己說：「這是個秘密沒錯……因為我自己也不曉得！」

我的兒子比爾，在家中一直被叫做特瑞（Trey）。

他還沒出生時，我們就決定，如果是男孩，就叫做比爾·蓋茲三世，他的外婆和太婆想到了家裡如果有兩個比爾，會惹出多大的麻煩，做為橋牌的老手，她們建議我們叫他特瑞。任何一個橋牌手都知道，這指的是橋牌的三點。

對於父母的角色，我們幾乎沒有任何訓練，
這是我們擔任過最困難又最重要的角色。

特瑞小時候讀的書比很多孩子多出很多，他常說出他認為世界如何運轉，或是想像世界可以怎麼運轉的點子，讓我們很驚訝。和同齡的孩子一樣，他對科幻小說很有興趣。他對許多大人認為理所當然，或忙得沒有時間去想的事情抱持著極大的好奇心，也花很多時間去思考我們大人認為不算問題的問題。

他的母親瑪莉和我常拿他的慢動作和遲到來開玩笑。每次我們準備好了要出門，每個人都坐在汽車裡了，或至少在穿大衣了，都會有人問：「特瑞呢？」另一個人就會回答：「在他房裡。」特瑞的房間在地下室，但是陽光照得進來，有一部分的光打在地面上，房門和窗戶對著後院，所以他母親會往下對他叫道：「特瑞，你在下面幹什麼？」

有一次特瑞叫著回答：「我在思考，媽媽，難道妳從來不思考嗎？」

想像你身在我們的處境，那幾年我的律師事務所業務正值最吃力的時候，我是父親、丈夫，還要做一個家庭中父親要做的每件事。我的太太撫養

三個孩子、擔任聯合勸募協會的志工，還得做成千百萬件的雜事。而你的孩子問你，你有沒有花時間去思考。

瑪莉和我對看了一眼，兩人齊聲回答：「沒有！」

過了半個世紀，我回頭反思我兒子的問題，我想我會有不同的答案。

是的，我有思考，我思考很多的事情。

例如，反思我自己養大三個孩子的經驗，我想到大部分的父母都跟我們一樣，摸著石頭過河、邊做邊學，面對結婚、孩子出生所帶來的種種挑戰。對於父母的角色，我們幾乎沒有任何訓練，這是我們擔任過最困難又最重要的角色。

我想到我們世界中的種種不平等，以及去導正它的機會。這個機會在人類歷史上從來沒有出現過。

我同時也在想一些沒那麼關鍵的事情，例如華盛頓大學的美式足球隊「愛斯基摩犬」會不會打進「玫瑰盃」決賽。

最近我在想，這些想法值不值得告訴別人。

我了解自己很幸運，有機會見到許多了不起的人，他們的故事說不定可以激勵很多人、幫助很多人。

而思考孩子童年時我們的家庭生活，我發現我的經驗可能對別人有用，或至少會有別的家庭對我的經驗感興趣。

這麼多年來，做為一個父親、律師、社會運動者、公民，我學到一個課程，希望能在這本書中傳遞出去。這個課程就是：我們是命運共同體，而我們需要彼此。

我們是命運共同體，而我們需要彼此。

Showing Up for Life

跨出一步，領取人生的禮物

百分之八十的成功源於參與。——伍迪‧艾倫「愛與死」

幾年前，我接受了ＹＭＣＡ頒給我的一個獎。頒獎那天，我看了看擁擠的大廳，心想為什麼有這麼多人會為我而大費周章。

我所能想到的唯一理由是，我參與了很多事情，我盡量出席所有的會議。

在一九五〇年代，當我還是個年輕律師時，我參加了ＹＭＣＡ，成為董事，因為我在唸大學時，曾經在ＹＭＣＡ度過很多快樂的時光。

有的時候，我出席是因爲我不高興其他人不出席。

過了一陣子，我覺得我可以為我們的社區再做一點事情，以實際行動來幫忙。

所以，除了正規的律師業務之外，我開始服務社區，從商會到學校的募捐委員會，我都擔任董事。後來有些委員會的性質改變了，人數增加了，在此同時，我太太瑪莉也開始為她名單上的慈善團體服務。

為什麼我要參與這麼多事？我想有很多原因。

我參加，是因為我認同某個想法、某個主義，或是我在乎那個邀請我出席的人。有的時候，我出席是因為我不高興其他人不出席。

我對出席的執著後來變成孩子們的笑話，不過我也注意到，他們從我這裡學到參與的習慣。坦白說，這正是發生在我身上的事。

我開始出席，是因為從我懂事起，我就看到我所敬仰的人參與、出席。

在我華盛頓州的家鄉波里茉屯，出席去支持你的鄰居，是一個正直善良的人該做的事。假如用一到十的量表來計算，我的父親在出席這件事上會拿到九。我父親在別人眼中是值得信賴的人，假如需要為某個好的主義募款，

我父親很願意去拜訪別人，請他們慷慨解囊。在他的領導之下，鎮上蓋了新的公園，這是在他過世很久以後，我從一份舊報紙上讀到的新聞。我以前不知道這件事，但是這則新聞並未使我驚訝。

我母親出席眾多社團活動，從野餐到募款活動都能看到她的影子。

我的父母從來不談論出席或參與，他們只是身體力行。

另一個藉由出席給予我有力的生命課程的人，是我們隔壁的鄰居布拉曼先生。他參與的事情之多，完成的工作多到你會以為得有兩個人來過他的生活才可能辦得到。

布拉曼是櫥櫃工廠的老闆，在休閒之餘擔任我們童子軍的領隊。

他是一個了不起的人，他的參與影響了很多人。雖然他高中沒畢業，但在我們童子軍都上了大學以後，他去競選西雅圖的市長，而且贏了。後來，尼克森總統任命他擔任交通部的副部長。

早年他還是我們童子軍的領隊時，每一個月的週末，不論天晴或下雨，布拉曼先生都會帶我們去探險，從輕鬆的露營，到辛苦走了二十哩路爬奧林

我的父母從來不談論出席或參與，
他們只是身體力行。

匹克山都有。

有一年，他甚至弄到一輛舊巴士，加了幾個座位後，把我們全帶到黃石公園和冰河國家公園去玩。

我對布拉曼先生最早也最深的參與出席記憶，是他帶領我們打造塔胡亞營區，並且還蓋了一棟日落木屋。

這個探險源於布拉曼先生認為我們的童軍隊應該要有自己的營區，還要在營區裡建造開會用的大木屋。

他的第一步是說服本地的獅子會支持這個想法，替我們買一塊地。由於塔胡亞河流經營地，所以我們將其命名為塔胡亞營區。

自從我們有了地，布拉曼先生便開始教我們如何整地、把樹砍倒，然後蓋房子。

那塊地從此變得不同。

● 搭蓋木屋是一件很費力且很需要勇氣的事，但這次的奇特經驗證明了我們只要有恆心，並且夠認真，任何事都是辦得到的。攝於一九三八年。

我們見證了有遠見的人、有包容性的領導，
還有衆志成城的驚人力量。

在那個時候，我們必須用人工砍樹，用雙人鋸一拉一扯地把樹幹鋸成我們要的長度，再徒手把樹皮剝掉、磨光，弄成直徑等長的木條。我們只有一把電鋸、一把圓鋸，而且是用布拉曼大卡車的電來發動。

三年暑假的每一個週末，我們二十個青少年、布拉曼，以及助理隊長，大家都工作一整天，然後在營火上烹煮食物，睡在星空下。

經過三個暑假的勞力（加上學期中無數的週末），我們終於在樹林中擁有了我們的小木屋。

木屋的面積有二十五呎乘以四十呎❶，大廳比我們多數人的家還要大，裝有壁爐，是一個童子軍的爸爸蓋的，他是石匠，木屋裡還有很大的廚房及睡覺的統艙。

我很難告訴一個不曾親自動手從無到有的人，蓋這間日落木屋所花的力氣，或蓋完後所帶給我們的成就感。

❶編註：約二十八坪。

最粗淺地說，我們學會如何使用各種工具來建構一間複雜的房子。我們手上長繭，出現許多以前不曾出現過的疤痕。

就廣義來說，我們見證了有遠見的人、有包容性的領導，還有為了共同目標時，眾志成城的驚人力量。

布拉曼先生參與我們的生活，不只給了我們森林中的木屋。他在我們心中塑造了一個地方，在那裡，我們相信任何事都有可能成功。

我很難告訴一個不曾親自動手從無到有的人，
蓋這間日落木屋所帶給我們的成就感。

● 我們蓋出來的這棟木屋很大，足以容納我們童子軍五一一小隊的所有二十名成員以及各自的家長。日落木屋早已不復存在，但我們在蓋屋過程中所學到的知識卻對我們留下深遠影響。攝於一九三九年。

努力工作

Hard Work

人們常問我，為什麼到現在八十三歲了，還每天早起開車去上班。

我通常用大家猜得到的五個字回答：我喜歡工作。

我喜歡做決策時，必然有失敗風險的挑戰。我很喜歡那種感覺，我覺得上班比坐在某個沙灘曬太陽有意義得多。

我想，我今天仍然跟年輕當律師時一樣辛苦工作，原因應該有很多。

有一個原因是我的父親。

我高中的第一個暑期工作是在我父親的家具店當搬運工，從卡車上把沙發、床墊和搖椅搬上搬下，送到顧客家中。

我長時間做體力勞動工作，而我父親很高興我沒有偷懶。

一九一二年，我祖父威廉・亨利・蓋茲付了七百三十三美元，買下波里

我覺得上班比我坐在某個沙灘曬太陽有意義得多。

茉屯鎮中心的家具店。到我出生時，那間「美國家具店」由我父親和我祖父合夥人的兒子摩里遜共同經營。

打從我有記憶開始，我父親的生活就圍著家具店打轉，但是他從不認為這是理所當然的事。

我最早關於父親的記憶是他每天晚上從店裡走回家，手上握著在小巷裡撿來的煤炭。這些煤炭是從運煤卡車上掉下來的，在那個時候，人們還是藉由燒煤當暖氣。父親會把掉下來的煤炭撿起來，放進我們家的煤炭簍子裡。

這項每天的例行公事顯示了父親對家用收支平衡的焦慮。

當然，在那個時候是有理由擔心的。一九二九年時我四歲，美國股市崩盤，經濟大蕭條開始，所以我成長過程中伴隨的恐懼，是我的孩子不曾體驗過的，我害怕以後會變成窮人。

然而，我父親在經濟大蕭條爆發的很久前就知道當窮人是什麼感覺。他八歲就在阿拉斯加的諾姆市天寒地凍的街上賣報紙，好幫助家庭開銷。他父親那時去阿拉斯加山裡淘金，而他八年級就被迫輟學來賺錢維持家用。

我想是他過去的經驗，加上我們面臨經濟大蕭條的艱困生活，讓父親似乎總是驚恐地奔跑著。

他不去看電影或球賽，他不釣魚、不打獵、不出海、不健行，他直到退休幾乎都沒有度過假，我父親終身都在工作。

在微軟創業的初期，我兒子特瑞跟合夥人保羅・艾倫，不管是工作或是吃睡，都在他們阿布奎基市的第一個辦公室打發，他們在那裡寫電腦軟體程式。

在那個情況下，他們也是沒有一天休息。

特瑞幾十年來都是這樣不停工作。

要成就生命中真正有意義的事，都需要努力工作。

我父親在一九四〇年把店賣給了一個擁有龐大家具連鎖事業的外地人。從今天的標準看來，我父母賣掉店所賺到的錢不算什麼，但是在當時，已足以讓他們舒服地退休了。不過，父親工作的態度仍舊不變。

即使在他退休後，他還是為鎮上的另一間家具店做一些工作，也參與一

要成就生命中眞正有意義的事，
都需要努力工作。

些服務社群的活動。

當我的長女克莉絲蒂還是小女孩的時候，她有時會從西雅圖搭渡輪到波里茱屯去看祖父母。

她記得每天黃昏時跟我母親一起走去接我父親，走的就是他在經濟大蕭條困境時撿煤炭來溫暖我們家的那條小巷。跟以前一樣，我父親下班後，還是走路回家。

慷慨解囊

Radical Generosity

我的姊姊梅莉蒂比我大七歲，在我們成長時，我常為了父母對我和梅莉蒂採取不同待遇，因而感到不舒服。

舉例來說，我父親認為女孩不需要學開車，所以梅莉蒂沒有學過開車，但是我一滿十六歲就拿到駕駛執照。

等到梅莉蒂結婚時，她已有了工作，能自己賺錢。在我十六歲生日時，她花了八十五美金——在當時不算小錢——幫我買了一份生日禮物，一九三〇年福特A型的汽車，還附上摺疊座位。梅莉蒂沒有機會學開車，她卻送了我一輛車，我永遠不會忘記她的慷慨。

我收到汽車時非常雀躍，父親卻不然。他花了梅莉蒂買車金額的三倍，讓車升級到讓我能安全駕駛，證實了那句老話：你付出什麼，就得到什麼。

梅莉蒂給我的禮物
是讓我看到真正慷慨的人是什麼樣子。

梅莉蒂給我的禮物不僅是車子而已。她給了我第一個真正的課程，讓我看到真正慷慨的人是什麼樣子。

我們都碰過一些氣勢凌人的人——不論是不好相處的兄長，或是有控制欲的老闆——他們似乎都認為沒有人應該爬到他們現在的位置，除非對方也吃過他們當年所受的苦。

相反地，梅莉蒂在我的年紀時，始終不被允許考駕照，卻仍用她有限的薪水跟善意，送給我一個她自己從未拿到的禮物。

心胸開闊

Open-Mindedness

三思而後行是很難的事，而且常常花掉我們很多的時間。但是要做一個品格完整的人，就不能不這麼做。

——《完人》（Integrity），耶魯大學法律系教授史蒂芬・卡特作品

我開始思考胸襟氣度的重要性，是來自觀察我父母思考的方式。他們兩人個性天差地遠，我也看到這種差異有時會對他人造成的影響。

我母親是個心胸寬大的人，對我和姊姊長大要做什麼不抱太多固執的想法。

我父親因為沒有受過正規教育而自卑，缺乏安全感，他有一些牢不可破

我去了世界上幾個最窮的地方，
重新發現到很多事情跟理應呈現的模樣不同。

的教條或格言，必須照著過日子才會安心。有些格言像是努力工作，是有道理的，但是其他格言卻讓我在很小的時候就發現，心胸狹窄的思想會造成非格言本意的傷害。

他有一個格言是「女孩子不用上大學」，影響了我姊姊一輩子的發展。馬克・吐溫主張過一件有趣的事，他說：「智慧最確定的表徵就是心胸寬大。」

我這一生都被心胸寬大的人所吸引。

當然，除了我父母，還有很多人對我造成影響。

一個是我高中的籃球教練，他也是我的老師肯・威爾士。他邀請我和朋友每週去他家上對論課。他對運動和政治抱持非常強烈的主觀意識，但是最強的意見在宗教上。他不相信上帝或任何宗教。

雖然他的想法對我們來說很震撼，但是他的課卻在我們心田種下了一個觀念，我們可以自由思考不同人的不同觀點，不必接受人家告訴你的話。

另一個影響我很深的人，是我大一時的心理學教授威廉・威爾森，上他

的課是一種宛如劇烈燒灼的經驗。

為什麼說燒灼呢？因為我們最基本的信念、假設和意見幾乎都會被他拿來分析、批評，要我們用證據來支持我們的意見，用邏輯的辯論來檢驗我們的假設。

我上完他的課後，所得到的心得是：用紙墨印出來的東西不一定正確。刊登在報紙、雜誌和書（今天的話還包括網路）上的文字，未必會成為真理；任何主題都會有一個以上的觀點，甚至超過兩個。

我可以很確定地告訴你，我是上了威爾森教授的課才開始思考的。那個時候，二次世界大戰已經爆發了，我讀完大一下學期就要去陸軍報到。學會替自己思考，對一個即將上戰場的年輕人來說，是很重要的人生課程。在我一生中，我想不起來有什麼比「替自己思考」這樣的學習經驗更有價值。

我從威爾森教授身上學到的東西，給了我思考的自由，我可以挑戰法規，把眼光聚焦在世界應該成為的樣子，而非世界過去的模樣。

我看到的幾乎都是機會，
無窮盡的機會。

從那以後，我試著那樣過生活，不再受人主宰。

最近這幾年，我去了世界上幾個最窮的地方，重新發現到很多事情跟理應呈現的模樣不同。

在這種地方，很容易只注意到事情有多糟——糟到你試圖挑戰改變時，心中深感無力。

但是我一定要說，我看到的幾乎都是機會，無窮盡的機會。

我所接受到最好的褒獎，是幾年前洛克裴勒基金會和洛克裴勒大學一些資深員工給我的。

我受邀去一個慈善家年會演講，來慶祝洛克裴勒大學一百週年紀念。

演講結束後，他們告訴我的朋友，我是一個「優雅、有智慧的人，對任何事情都不具成見」。

我希望他們是對的。

當然，我也是唯一一個七十四歲的與會者。

和睦相處

Getting Along

一九四四年六月，我收到一封信，命令我去陸軍報到，接受基本訓練。

不久前有人問我，我從受訓去打仗中學到什麼教訓。有意思的是，我覺得我學到最深刻的是人不管如何都能活下去。

我學到就算生理接受挑戰，極度不舒服，但是我還是可以活下去。我可以在酷寒或溽暑的環境中活下去，我可以在機關槍的掃射下，耳朵轟隆作響，揹著來福槍爬過鐵絲網而活下去。

我也學到另一種活下去的方式。我的軍中同袍與我都住在軍營中，中間是走道，兩邊各是一排排的上下層木板床，我們這一營新兵來自不同的背景，因為戰爭，十八歲以上、四十五歲以下的健康男性都得來當兵，我們營隊中有富的、有窮的、有受過教育的，當然也有文盲。

人怎麼樣都能活下去。

雖然我們一開始時都是不認識的陌生人，不過每天一起出操、一起受訓、一起為同一目標作戰，很快就把我們變成志同道合的同志了。

我們相處得都很愉快，尤其到了星期五晚上可以一起喝啤酒時，根本不會有人在意誰來自哪裡。我之所以會去報考軍官學校，是因為和我處得最好的隊友一直鼓勵我。他的鼓勵對我真是一件幸運的事，因為當我被分發到海外去服役時，戰爭已經結束了。不是我所認得的每個人運氣都這麼好。

一九四五年日本投降後不久，我被派到日本最北的島嶼北海道，後來調到東京。

至今我仍然記得在東京街上漫步的感覺，雖然發生了這麼大的災難，我所碰到的日本人卻非常正常。孩子會上前來跟我們要口香糖、糖果或香菸，沒有人把我們當作英雄，但是也沒有人把我們當成仇人，你原本預期在戰爭剛結束的前幾年可能會有這種現象。

在日本我再度學會了在困難的處境下，來自完全不同背景的人們會因為共同的人道主義的力量，得以將彼此視為人類的同胞，因而相處下去。

大聲說出來

Speaking Out

公民的第一個工作，就是把嘴張開，把意見大聲說出來。——鈞特・葛拉斯

我第一次了解大聲說出來的重要性，是在二次大戰結束後，我重回華盛頓大學完成未竟的學業時。

那個時候，麥卡錫參議員正在主持一個搜捕共產黨同路人或同情分子的全國性大運動，其他政客在我住的州和全國各地都在做同樣的事情。

今天，沒有人會因為政治主張而被開除，但是在那時，假如你被懷疑是共產黨徒，你會失去工作，事業遭到摧毀，被社會所流放。

我們這些老一點、剛從戰場回來的人，腦海中還有德國納粹追捕異議分

我不在乎你是拿著旗子衝鋒陷陣，或是站在後面跟隨人群，
我們的確有義務和責任爲我們所相信的事情發聲。

子的鮮明記憶，也知道這種政治運動對我們社會的影響。

我知道光憑我們幾個大學生，不可能阻止華盛頓那裡所發生的事情，然而我們認為應該做點事，因此開始保障校園中的言論自由。

當時學校禁止任何政治人物到校園演講，我和我的朋友組織起來，收集了大量簽名，讓學校收回成命，不再禁止校園中的政治演說。

現在回頭看，我覺得當時所學到最深刻也最持久的教訓是，每個人都有責任和義務把你所相信的事情大聲說出來。

從那以後，我有許多機會去觀察領袖人物演講，而他們大聲說出來的事也推動了世界的改變。

美國前總統卡特就是這種人物。卡特總統和妻子蘿莎琳，與我及內人一起前往非洲，目的是想讓非洲人公開討論愛滋病。

那時的非洲人不願談論愛滋病與性，在在阻礙了討論這種病如何傳染，更別說如何預防和治療。避而不談的代價，正是死亡。

我清楚記得有一天，卡特總統在奈及利亞的公共論壇演講，他決定告訴

聽眾他剛剛知道的訊息——奈及利亞的妓女對不肯戴保險套的人收取較高的費用，他用的說法是「赤裸的陰莖」。

我因為擔任比爾和瑪琳達・蓋茲基金會的執行長，所以很習慣談論性的議題，這是我們基金會工作的項目，也是我們關注的重點。即使如此，當我聽到美國前總統如此坦白地在公開場合說出「赤裸的陰莖」這個字眼時，我還是嚇了一跳。但這正是卡特總統的意圖，他希望震撼在場的聽眾，好去了解保險套在防止傳染愛滋病上的重要性。

之後，我們在奈及利亞總統營區的教堂中，卡特總統受邀佈道。首先，他講了《聖經》的故事，一個女子被控訴通姦，群眾決定拿石頭砸死她。耶穌說：「你們當中誰是沒有罪的，誰就可以先拿石頭打死她。」卡特總統要表達的訊息是，圍繞在他身邊的基督徒應該用愛心來對待愛滋病患者。

他勇敢地在星期天早上教堂的佈道中，在這個國家繼續說明保險套的重要性。

每個人都有責任和義務
把你所相信的事情大聲說出來。

從收集簽名反對大學禁止言論自由，到聽卡特總統演講，我從這些經驗中學到一個人生課程——大聲說出你的意見，可以發揮強大的力量。

我不在乎你是拿著旗子衝鋒陷陣，或是站在後面跟隨人群，你都可以對著麥克風疾聲呼籲，我們的確有義務和責任為我們所相信的事情發聲，讓這個世界的生活好一點。

學習認輸

Learning How to Lose

假如你參加競賽，結果輸了，你會有什麼反應？

我曾經有反應不當的時候，高中時，我最好的朋友跟我競爭，出來競選學生會的主席。

他贏了，我無法忍受，我是個非常糟糕的失敗者。

幾天以後我去找他，看著他的眼睛，恭喜他。我延宕的恭喜反映出我的氣度，我學到了我一輩子都不會忘記的教訓。在這個世界上，風度不佳的失敗者是沒有一席之地的。

尊重別人對你的信任

Honoring a Confidence

人格是一棵樹，名聲是它的影子。——林肯

有些人生最持久的教訓，也是最痛苦的教訓。

我還在唸大學時，有個朋友告訴我一件對他來說非常重要而且隱密的私事，他要求我保密，我承諾了。

但是這個故事太有誘惑力了，我抗拒不了，於是告訴了別人。不久，我朋友的秘密就不再是秘密了。

結果，我失去了這個朋友，我也學到一個重要的教訓：承諾不是一定要用紙墨寫在契約上說「我承諾」才有分量，即使是社交上的承諾也要遵守。

承諾不一定要用紙墨寫在契約上才有分量。

很多人太輕易就做出承諾。

假如你不想保密，或不想出席，請不要說你會。

做一個足以被信任的人是很重要的。

找到你工作的意義

Finding Meaning in Your Work

生命送出各種機會與挑戰，
而我們對機會和挑戰反應的結果
形塑了我們的未來。

我覺得自己很幸運，始終能在律師的執業生涯中找到工作的滿足感和意義。

熱愛法律跟擁抱法典無關，重點是對公平、正直社會的關心和熱情。我每次去陌生小鎮的法院參觀，看到年輕的律師在法庭上辯論，我就感到很快樂。

我相信法律的力量可以幫助窮人，讓事情變得更好。我也認為，不論從事何種行業，大部分的人都可以藉由參與來貢獻所能，讓個人選擇奉獻的職場變得更美好。

雖然我不記得經手的每樁案件的細節，但是我永遠不會忘記我跟律師協會其他律師共同完成的事情。替不適任法官的競選對手拉票，將不適任的法官逐出法庭。設置有色人種法學院獎學金，使不同種族的學生得以進入法律界。說服全州的公民投票修改州憲法，讓最高法院的大法官因為表現，而不是因為年資被選為大法官。

我們也一起成立了一個專門幫助窮人解決問題的法律諮詢中心，這個中心現在仍然在運作。

這些努力使所有參與者的生命更加有意義。

跟今天許多甫出校門的年輕人一樣，我回到自己生長的小鎮去開業。我在波里茉屯擔任律師的第一個工作，並未帶來很多可能性或絢麗的光采，但卻是我憑藉事業賺到薪水的機會。

雇用我的律師有自己私人的客戶，他也是檢察官，於是我變成助理檢察官，這個職稱聽起來好聽極了。

我做各式各樣的法律工作：買賣不動產的契約、離婚官司、遺產執行

不論我們從事何種行業，都可以貢獻所能，將自己選擇奉獻的職場變得更好。

人、擔任商家的顧問，還有一週一次在當地法院，我代表公家對闖紅燈、酒醉開車……等五花八門的犯罪提出訴訟。

我的第一個工作給了我好的開始，讓我為未來的工作改變做好了準備。我常覺得事業會自行開展，走它自己的路，主人能控制的似乎不多。

我有不少法律系同學一離開學校就進入事務所服務，然後一直做到退休；有兩個同學後來成為法學院教授；有一個專攻人權，成了有名的稅務律師；有一個要鑽研不動產的女生，後來變成離婚和家事法的律師。

我從這裡學到的是，生命會送出各種機會與挑戰，而我們對機會和挑戰反應的結果形塑了我們的未來。

有的時候，機會和挑戰無預警到來，就像服侍一個難伺候的老闆。有一次，有個資深的事務所合夥人告訴我他同事的缺點，我很驚訝，也覺得很困窘。

然而，他是最有名的法庭律師，眾人公認他有最好的情境分析能力，能夠馬上抓到問題的核心，也能建構出最令人信服的論點，我決心從他身上盡

量學習。

到了最後，我學會永遠不要像他一樣對待別人。我學到如何把自己的意見放到一邊，從對方的觀點來看事情。

我的媳婦瑪琳達最近告訴我一件事，當我們家族一起去度假，眾人圍在餐桌討論某個議題時，他們早就知道我會有什麼反應。

他們知道我會保留自己的判斷，問他們如何得到這項看法，他們怎麼知道自己的論據正確，又有沒有從對方的角度來看事情。

這表示不知從何時開始，我兒子也採用了同樣反面思考的方式來看問題。

整體來說，我對於能從不喜歡的人身上學到諸多教訓，覺得很感恩。

為了慶祝我的八十歲生日，特瑞和瑪琳達捐了一筆獎學金給華盛頓大學的法學院，專門給承諾進入公眾法律服務領域的學生。

我常覺得事業會自行開展，
走它自己的路，

我一年會去拜訪幾次這些年輕學子，他們都很聰明，願意關懷他人，決心讓這個世界有所改變。我每次拜訪完都很感動，他們心中懷抱著很大的夢想，而他們要成為律師去實現這個夢想。

我知道全世界有很多的律師都有這種夢想，他們貢獻一生，達到法律之前人人平等的理想。他們所留下的影響改變了某個人的生命，我要講下面這個故事做為證據，故事的主角叫阿米娜・拉瓦。

阿米娜・拉瓦住在奈及利亞北部，二〇〇二年她被法院宣判死刑，執刑的方式是用石頭打死，因為她未婚生子。

根據當地法律，未婚生子是通姦罪，不論什麼情況，處罰都是死刑。

阿米娜・拉瓦所指認的孩子父親，卻用《古蘭經》發誓他不是，他被允許離開。

這個「罪」和刑罰引起了全世界人權運動者的注意。美國律師協會聯合當地和海外的律師一起抗議，因為公眾的抗議聲浪太大，加上各國政府施壓，奈及利亞的領袖們最後同意赦免阿米娜的死刑，經過兩年的上訴，阿米

娜終於被允許回到她的村莊扶養孩子。

我記得讀到一篇關於她的報導，是一位記者在她生死未定時所寫的。他訪問阿米娜，問她對女兒的未來有沒有什麼夢想。

她說她相信她女兒的命運在上帝手中，但是假如她可以自由決定，她希望她的女兒將來能夠成為律師。

我學到如何把自己的意見放到一邊，
從對方的觀點來看事情。

● 我在七歲時釣到我人生的第一條魚，也釣到了一個一輩子的回憶。
攝於一九三二年夏。

Thinking Tall

永遠不劃地自限，抱持更高的期待

生命是尼加拉瀑布，不然什麼都不是。——〈藍草地〉，美國女詩人瑪莉・奧利佛作品

二次大戰結束後，許多男孩都解衣卸甲回去唸大學，假如你像我一樣喜歡跳舞，想找個舞伴，你得面對統計上的不利情況。情形有點像「海灘男孩」合唱團的歌〈衝浪城〉，每個男孩可以擁有三個女孩，但是在二次世界大戰後，這個比例反過來了，在華盛頓大學的校園裡，平均五個男孩要搶一個女孩。

所以我決定去問一個我認識的女生——瑪莉・麥克斯威爾——問她可不可以從她的姊妹會「卡帕・卡帕・迦瑪」（Kappa Kappa Gamma）中替我

找個女伴。

我身高將近兩百公分，所以我喜歡跟比較高的女孩跳舞。我跟瑪莉講得很清楚，我要找高的女孩。

瑪莉卻一直覺得我真正想約的人是她，只是我自己不知道罷了，或是我以退為進，用邀請別人當幌子，真正想約的人其實是她。有一天，我們站在她姊妹會外面的人行道上，我問了她第N次：「瑪莉，妳有替我從卡帕姊妹會中找到女伴嗎？」

她說：「有。」

我問：「誰？」

她說：「我。」

我嚇了一跳，不知如何回應，脫口而出說：「噢，不行，不可能，妳太矮了。」

瑪莉只有一百六十七公分高，但是她很冷靜，她半轉身，讓我看到她的側面，她踮起腳，把手平放在頭上，自信滿滿地說：「我不矮，你看，我很

高。」

於是我們去約會了，兩年後，我們結婚了。

後來，瑪莉對年輕人談到他們的未來時，她有時會講這個故事：永遠不要害怕更大的期待。

「永遠不要害怕更大的期待」是樂觀者的好格言，它是瑪莉一生成功的鑰匙。

我剛認識瑪莉・麥克斯威爾時，她是個聰明、漂亮、愛冒險的女學生，也是威勒・麥克斯威爾的獨生女。她父親是當地銀行的副總裁，是一位備受尊敬的市民公益參與者，而她母親叫愛德莉。

瑪莉家族的女性都非常強悍，她的母親（後來我們的孩子都叫她嘉咪）是一位了不起的女性，我兒子說外婆是他所見過最有原則的人。

瑪莉的外婆拉拉守寡多年，收入非常有限，有時瑪莉的父母會幫一點忙，但是她是一個非常積極、非常有決斷力的人，她烤蛋糕去賣，好紓解月底時的捉襟見肘，避免米缸見底的窘況。

響。

嘉咪和拉拉兩人都是瑪莉的角色模範，在瑪莉身上可以看見她們的影響。

唸大學時，瑪莉去競選學生會的秘書，在這場選舉中遙遙領先。她是極佳的運動員，也是雪橇隊的一員，瑪莉很喜歡競賽。

她開朗、活潑、好冒險的人生態度對她的第一份工作——教書很有利。當她因為懷了我們的第一個孩子克莉絲蒂而辭職時，校長寫了一封信給她，說她是他所遇見過最好的老師，在她離開學校後，她把天分都投注在建立我們的家庭生活上。

為你的家庭出席

Showing Up for Your Family

當人們問我：「你這一生最驕傲的是什麼？」我總是回答：「我的孩子。」我會這麼說，是因為我知道他們之所以成為今天這樣的人，最關鍵的因素就是瑪莉給了他們無條件的愛和支持。

在孩子的成長階段，瑪莉總是想辦法讓家庭生活更有趣。有的時候，她把做家事變得好玩，比如我們吃過飯就打牌，贏的人可以不用洗碗；我們動手製作聖誕卡片，甚至為每年都和兩個家庭合辦的假日滑水派對設計邀請卡。

瑪莉是設計節目的高手，每次都讓我們和其他家庭玩得興致淋漓。

我們的大女兒克莉絲蒂認為瑪莉設計這些節目，是為了讓不像她那麼外向的人（我和特瑞都很外向）樂於和別人相處，如果有遊戲可以玩、有短劇

無條件的愛與支持，
讓我的孩子成爲我一生的驕傲。

可以演出，或用一些有趣的方式把他們帶進來一起玩，他們會自在許多。

這些節目使我們的孩子有了延伸的大家庭，讓他們學習和愛。他們同時也培養了對競爭的喜愛，使他們磨亮自己的技藝，我認為這些都有助於他們日後的成功。

一九七四年，克莉絲蒂和我們的小女兒莉比，瞞著瑪莉去提名她競選當地報紙主辦的「最佳模範母親」活動。

在提名瑪莉的信上，克莉絲蒂列出瑪莉替社區所做的事項。她寫著，「我們家有三個小孩，雖然母親花很多時間去當志工，她仍然有很多的時間留給我們。」

莉比當時只有九歲，說她媽媽總是心情愉快地看她踢足球、帶她去打保齡球。最後在信末，莉比添上一句：「她最好被選上！」顯露出莉比喜愛競賽的天性。

瑪莉真的贏了。

她同時也贏得她所服務的社區多數人的尊敬。

跟別人分享你的天賦

Sharing Your Gifts with Others

瑪莉的公眾服務從小孩子開始，她教導學習有困難的孩子，並擔任聯合勸募的志工，她也去單親孩子的家裡幫忙，那些孩子不是父親或母親過世就是離家。

時間久一點後，她服務的團體數量越來越多，負責的範圍也變大了。她是兒童醫院志工的領隊，在華盛頓特區和華盛頓州為兒童爭取福利。她也是華盛頓大學二十年來的董事，她在聯合勸募當了一輩子的志工，使她成為本地聯合勸募的第一位女性主席，然後晉升到美國聯合勸募的主席，最後成為國際聯合勸募的主席。

在美國聯合勸募的董事會上，她與IBM的總裁約翰・歐蒲一起共事。事實上，瑪莉是第一個告訴歐蒲我們的孩子和他的微軟公司在替IBM做

她服務的團體越來越多，
她負責的範圍越來越大。

專案的人。微軟和IBM的合作立基於彼此的互惠。根據IBM職員的說法，當微軟替IBM做的工作展現到歐蒲面前時，他說：「噢，他是瑪莉・蓋茲的兒子。」IBM職員說，特瑞的母親替他講了好話，是很棒的事。

把每個人聯繫在一起

Connecting People

從她一生所做的事裡可以看出，瑪莉是個很溫暖、真心關懷別人的人。她每次都花很多時間關心別人的生活，卻不大會談論她自己的事，因為她真心投入在談話對象的事情上，當她下次看到那個人，她會記得對方告訴過她的話。

我觀察了好多年，瑪莉跟別人談話時對方的改變。因為她很熱心，又真誠地關心別人的事，當人們有機會跟她相處時，總讓對方覺得這是一天中發生在他們身上最好的事。

瑪莉可以迅速看出談話對象有什麼特殊的才能，她把她認為能幫這個社會做更多事情的人結合在一起。她們組織團體去關懷得了癌症的人，這些團體的成立，有一部分是瑪莉把有特殊才能的人結合在一起，讓他們創造出各

她花很多時間關心別人的生活，
卻不大會談論她自己。

種公益團體。

華盛頓大學的前校長形容瑪莉是「強力膠，將大學董事會的成員聚集在一起」，他說瑪莉有一種「安靜的尊嚴」，使她足以影響其他人。

傳下去的習慣

A Habit Passed Down

我認為我的孩子發展出為公眾服務的習慣，有一部分來自觀察他們母親的榜樣。例如莉比和特瑞記得他們曾經在選舉那天，跟瑪莉一起站在街角舉牌子，支持我擔任學校募款運動的主席。

特瑞記得跟瑪莉和我一起去參加政治競選活動。他在成長過程中，常在晚餐時被他母親問：「今年聖誕節，你要捐多少零用錢給基督教救世軍？」

創造出你希望看到的改變

Creating the Change You'd Like to See Happen

當瑪莉成為美國第一個爭取企業董事職位的女性時，她的樂觀和把焦點投注在大局上的能力，對她的成功而言很重要。

她從不把自己當成女性樣板❷，根據別人對樣板的要求來行事，她將此當成機會，去創造她所想要的改變。她努力工作，好證明給別人看，她勤勉、聰明，因而贏得了同事的尊敬。

她把握機會，
創造出期待看到的改變。

❷譯註：很多企業被要求有一定比例的女性董事以示男女平等，但有些女性董事只是花瓶，以滿足聯邦法規的要求，所以被稱做「樣板」（token）。

慶祝生命

Celebrating Life

瑪莉能夠像發光的圓球一樣照亮許多人的生命，源自於她對生命的熱情。

我記得有一次我們去朋友的農場度假，那個農場離我們家有五小時的車程，所以當我們抵達時，已經半夜兩點了。當我們把孩子放上床後，瑪莉提議乾脆不要睡了，請大家跟她一起去看日出。

瑪莉對有趣事情的敏銳度相當出名，而這也是為什麼我們的朋友，《華盛頓郵報》的編輯梅格・葛林費爾德——她是西雅圖人——曾在七月四日，也就是美國國慶的週末打電話給我們。葛林費爾德在離西雅圖市坐渡輪三十分鐘的班橋島上有幢別墅。

她那天正在宴請華倫・巴菲特和《華盛頓郵報》的發行人凱瑟琳・葛萊

對生命懷抱熱情，
像發光的圓球一樣照亮很多人的生命。

姆，她要把客人帶到我們在胡德運河的度假處，介紹巴菲特給特瑞認識。

瑪莉立即發現這點子絕佳，所以她打電話給特瑞，叫他星期五到胡德運河來見巴菲特。一開始特瑞不肯，提醒他母親星期五是微軟的上班日，但是身為好兒子，最後他答應了。

這是巴菲特和特瑞不尋常友誼的開始。特瑞和瑪琳達那天抵達胡德運河時，只預備待幾個小時就要離開，結果他們一整天都留在那裡。

到了一九九三年春天，瑪莉開始覺得疲憊，精神欠佳，出現了很多症狀，不久她被診斷出罹患乳癌，但是一如往常，她很樂觀。

雖然如此，到了一九九四年一月，比爾和瑪琳達在夏威夷結婚時，瑪莉已即將撒手人寰。

瑪莉的結婚祝詞

Mary's Wedding Toast

我記得我曾幫瑪莉準備的婚禮祝詞，是以「給瑪琳達的一封信」的方式寫成，內容則是根據婚禮誓詞修改。我們珍藏著她唸這段祝詞時的相片，她看起來還是充滿了活力，美麗動人。

下面是瑪莉的信。

親愛的瑪琳達：

再過幾個小時，妳就要結婚了，妳將會和我使用同一個姓。

雖然比爾和我結婚四十二年了，我們仍在持續學習婚姻的意義。

要改變丈夫是個長期計畫，
有時候改變自己的期待，可能還比較有效。

● 如果要我說點什麼鼓勵一般青少年家長的話，那就是憑著很多的好運和用心，親子關係就能充滿愛和欣賞，就像這張一九九四年特瑞和瑪琳達的婚禮上，瑪莉和特瑞的合照一樣。琳內·霍夫曼·強森攝。

愛和珍惜對方

誇獎他的優點，記住妳不必愛他所有的一切。假如妳看到某些妳一定要他改善的地方（像是他母親沒有做好、做對的地方），請記住，要改變丈夫是個長期計畫，而且不見得會成功，有時候改變自己的期待，可能還比較有效。

在順利的時候或困難的時候

不要期待日子都很平順。祈禱自己始終都要擁有勇氣，保持妳的幽默感。沒有人擁有完全和諧的婚姻，好的婚姻需要努力維持，把個人的自我壓下去，但是基本的要求是知道你們的關係是永遠的、恆常的。

在富的時候或窮的時候

除了極少數人，這句話的確具有特別涵義。每天的生活都會測試你們是否能謙遜地考量自身的境況。在生命結束之際，你們終身的相伴會基於妳對婚姻這項特殊義務有何認知，進而做出結論。

比爾和我結婚四十二年了，
我們仍然持續學習婚姻的意義。

在生病的時候，在健康的時候

妳知道在過去的幾個月裡，我們有機會去省思我們在結婚時所說的，不論生病或健康永遠相隨的誓言，這項挑戰對我們的關係帶來了新的深度。

當然，水面不可能永遠平靜，但是我無法想像沒跟比爾結婚的日子，希望妳在四十二年後對妳的比爾也會有同樣的感覺。

愛妳，瑪莉

在說這個祝詞時，瑪莉引用了《路加福音》第十二章的話：「因為多給誰，就向誰多取。多託誰，就向誰多要。」這句話成為比爾和瑪琳達‧蓋茲基金會兩個重要價值的基礎。

而瑪莉，最後在一九九四年六月十日辭世。

Making Your Life Your Message

把你的生活當作你的信息

我們的小女兒莉比在她母親的葬禮上，讀了一封她寫給自己兩個大一點的孩子的信。瑪莉去世時他們還太小，她怕長大後他們不會曉得外婆是個什麼樣的人。這封信是這麼寫的：

親愛的艾美和史提夫：

你們是一份禮物，因為有你們，我才知道一個母親可以多愛她的孩子。我認為一個母親對孩子的認識強過地球上任何人，沒有人會比我更了解你們，我永遠都會這麼想，而你們的外婆也是。

她愛我、你們的特瑞舅舅、克莉絲蒂阿姨，這是完完全全沒有任何條件的愛——假如沒有你們，我可能無法了解。

在她生命最後的幾個月，我要她寫給你們「外婆對生命的教誨」，她一直無法動筆，所以現在我替她完成。

第一個教誨：把家裡的每個鐘都調快八分鐘。

這是你們外婆每次都準時的方法。

第二個教誨：正好越過網的輕發球，是網球比賽的獲勝秘訣。

她發的球很軟，每次都幾乎過不了網，很多次我看到她的對手要反擊時，不是打出界就是打到網上，瑪莉得分。

第三個教誨：就算你對孩子很生氣，假如電話鈴響了，還是要愉快地去接電話。

當她這麼做時，我們都要瘋了。

第四個教誨：就像對待很重要的人般，認真對待每一個人。

你們的外婆有辦法使每一個遇見她的人都覺得自己很特別，而她對別人的感覺是真誠的。

第五個教誨：以你的配偶為榮。

第六個教誨：記住，家庭永遠放在第一位。

第七個教誨：管教孩子的態度要一致。

第八個教誨：給你的孩子根和翅膀。

這可能是對我最重要的教誨。你們的外婆和外公做得非常好，在我們小的時候，他們把他們的價值觀種到我們身上，到了時機成熟時，他們就放我們自由飛翔。

第九個教誨：不論做什麼都要找到樂趣。

當莉比在分享這些教誨時，她徹徹底底是她母親的女兒。在許多場合中，我也看到我的孩子表現得像個小瑪莉。

在蓋茲與瑪琳達基金會剛成立時，特瑞和瑪琳達致力於改進開發中國家兒童的健康，有太多孩子死於可以預防的疾病。

在他們捐出第一筆拯救生命的疫苗後不久，一些免疫學的醫生、科學家和領袖想來西雅圖親自向他們道謝。特瑞和瑪琳達請這些學者、醫生到他們

把價值觀種到孩子身上，
待時機成熟，放他們自由飛翔。

家吃晚餐。

雖然這些專家並不是來要更多的支持，但聽完他們的話後，特瑞問他們：「假如你有更多的錢，你會怎麼做？」

這個問題促使他們開始談為什麼三千萬個孩子沒有接種疫苗。

那天晚上快結束時，特瑞謝謝這些專家的洞見，並向他們挑戰，要他們回來跟他和瑪琳達談如何讓這些孩子過更好的生活。

他送他們出去時，鼓勵這些專家的最後一句話是：「不要害怕更大的期待。」

Never Forget to Ask: "Is it right?"

永遠不要忘記問：這是正確的嗎？

找到你的良心，把它緊緊抱住。——美國民主基金會首任主席艾倫‧韋恩斯坦

不管職業貴賤，我們都是人，而沒有人是完美的。有很多人來到十字路口時，會因為誘惑而轉錯了方向。我大半生都在當律師，好幾個律師的真實事例來到我的心頭，他們都是在十字路口轉錯了方向。

有一個律師，身兼當事人兩千萬美元信託的共同信託人及法律顧問，信託的受益者認為他超收諮詢費，決定提出告訴，試圖降低他的律師費。當這樁案子開始時，出現了一張便條，揭露這位律師指示他事務所的小律師們盡

量浮報諮詢費。受益人打贏了這場官司，而法院取消了這位律師的共同信託人身分。

另一個案子是西雅圖一位年輕有為的律師，他在水門事件時成為尼克森總統的白宮水電工❸之一，他對總統和政治主義做出承諾，從理應遵從道德的律師變成了認罪的犯人，因為偷竊罪而下獄❹。而他現在把時間花在對律師和法學院學生演講，告訴他們逾越倫理道德的代價。他的訊息是：「當你要做決定時，永遠不要忘記問一句，這是正確的事情嗎？」

最後一個故事是一位法學教授，她是我的朋友，在事業初期，她曾有過困難的抉擇時刻。

她的第一份工作是在東岸替一間規模龐大的律師事務所當小律師。她替一間企業辯護，因為職員被控賄賂勞工組織工會的代表。檢察官說她的客戶給工會代表好處，工會則以她客戶要的契約方式回報。

❸原書註：尼克森指示白宮一些幕僚裝作水電工去刺探民主黨的競選情報。
❹原書註：這些幕僚潛進民主黨在水門大樓的競選總部裝設竊聽器，所以判的是偷竊罪。

我朋友的工作，便是替這間公司辯護並無賄賂行為。

在做研究時，我朋友在客戶的檔案中發現一張雞尾酒的餐巾，她的客戶在上面寫著：「替某某某買一台新電視」，這個某某某正是工會的代表。

我的朋友知道這張餐巾就是證據，足以定她客戶的罪。法律要求她不得毀滅證物，但是假如她原封不動將文件檔案移交給對方的律師，這官司就不必打了。

我的朋友和她事務所的資深合夥人堅持做正確的事情，把文件檔案移交出去。

這個故事的結局大可不同。因為沒有人知道這張餐巾紙，我朋友可以很輕鬆地「丟掉」它，不會有人知道。

在我們的一生中，我們有機會做很多無人旁觀的事，在這種情況下，我們表現與培養自己的人格。我們都會犯錯，但是事實證明，生命中沒有事物值得你賠上對自己的看法。

不管職業貴賤，我們都是人，
而沒有人是完美的。

人生有很多十字路口考驗你人格的完整性，誘惑存在於每一個人的生活、每一個人的事業中。這項挑戰在於做正確的事情，不欺暗室、慎獨，不論代價是什麼。

團結的力量

The Power of One

我曾看過無數的例子，團體中的每個人無私地為人類福祉奉獻，想把事情改變成更好的樣子。

我也看過，只要一個人就能對全人類做出巨大的改變。

像是我的好朋友羅伊・波羅斯特曼，他是律師，同時也是老師。他的故事為我們提供了一個充滿說服力的答案。許多高貴的人在人生的某個階段會停下來問自己：「我能為這個世界做些什麼？」

波羅斯特曼知道世上大多數的人貧無立錐之地——每天的生活費不到一美元——許多農夫無法擁有自己耕種的土地。他看到了一個事實：假如農人擁有他所耕種的地，他會更努力工作、更投入這塊土地，使土地更具生產力；如此一來，他可以讓自己脫離貧窮，也對他的社群做出經濟貢獻。

如果你有無窮的熱情和一些好想法，
你就可以改變世界，使生活變得更美好。

因此他成立了一個團體，叫「鄉村發展院」（Rural Development Institute，簡稱RDI），追求實現耕者有其田這個看似簡單的公式。

結果RDI造就了家庭、社區及國家的巨變。

RDI成立的頭四十年，幫助了四十個以上的國家，世界上最窮的四億人口得到他們耕種的農田，他們在中國、印度、印尼都有辦公室，同時也在非洲、俄羅斯以及前蘇聯的其他國家工作。

RDI的工作需要非常多人的通力合作，包括當地國家的政府、國際捐款者、基金會（例如我們的基金會）、救援機構，以及當地的非政府組織。波羅斯特曼所說的英雄，是指敢為國家最窮的人爭取權益的領袖。

RDI始終是個低調、低行政開支的組織，在最初的四十年，員工一直不超過二十三人，包括九位律師在內。

波羅斯特曼想法的力量第一次被大幅展現出來，是美國政府請他把土地改革觀念運用到越南。在越戰期間，他們的目標是阻止越共召募鄉村的窮人去打游擊。

波羅斯特曼的調查最後變成了立法，「耕者有其田」（Land to the Tiller Program）這項法律將農田的所有權釋放給一百萬名佃農，讓他們可以餵飽家人。專案大獲成功，越共的召募人數少了百分之八十，而稻米的產量增加了百分之三十。

從這以後，波羅斯特曼不斷接到來自全球其他國家的要求，請他協助。多年來，他在華盛頓大學法學院的兩個小房間工作，只有一個兼職秘書和一個學生研究助理幫忙，而現在RDI成熟到足以成為正式組織，擁有獨立的董事會。

波羅斯特曼讓我們看到土地所有權是一種有力的力量，可以消滅貧窮、將權力擴大到婦女手上、增加糧食產量、使土地得到更好的照顧，並能刺激經濟。RDI與日俱增的影響和被接受的程度，從那些支持土地改革的國家願意捐出大筆的政府公款支援就看得出來。

除此之外，波羅斯特曼更向我們，甚至是世上無數的人證明，一個人只要有無窮的熱情、有個好想法，就可以改變世界，使生活變得更美好。

我從孩子身上學到的課程

Things I Learned from My Children

孩子從觀察父母學到大多數待人接物的道理，父母也可以從孩子身上學。假如我們肯用心，我們也可以從觀察孩子時學到很多。以下是我從孩子身上學到的事情。

我從我的女兒克莉絲蒂身上學到稱職。

她是我的大女兒，別人都說她很像我，我們都喜歡安靜地追求喜歡的東西，喜歡跟少數合得來的朋友在一起。我們跟孩子的關係比較好，當孩子長大到可以跟父母聊天時，他們比較喜歡來找我們。我們也覺得要用超乎需求的規範來要求自己。在我眼中，克莉絲蒂最顯著的特質就是她很能幹，這項

不論你要做什麼，
永遠不要貶低你的孩子。

優點在她生活中的每個範圍都看得見。

我們第一次發現克莉絲蒂對自己要求很高，是她五歲的時候。她坐在車子後座，抱怨我開得太快。

克莉絲蒂做事一絲不苟、自重自愛，甚至自律到不像一個小孩。她同時有天生的執著，必定按照規矩行事。

克莉絲蒂是長女，一般人都會對第一個孩子懷抱相當高的期待，但是沒有人比她對自己的要求更高。

舉例來說，在她拿到駕駛執照後不久，克莉絲蒂要開車去某處，她走進車庫坐上車，把車倒出來，不知道瑪莉母親的車子停在車道上，結果撞到了她外婆的車。

她覺得自己非常不稱職，心煩意亂，她把車子開回車庫。隨後她走進房子，下樓回到她自己的房間，把駕駛執照剪碎了！

我可以很高興地說，如今她是一個很好的駕駛人，也是我所認識最稱職的人。

孩子從父母那裡學到待人接物的道理，
父母也可以從孩子身上學。

她知道自己的長處，選擇了適合的職業。我跟瑪莉在她十歲時，第一次察覺她的天賦。

那時我們全家開車去迪士尼樂園玩，克莉絲蒂要帶自己的零用錢，除了有從存摺提領的十塊錢，還加上她外婆給她的十塊錢。

除了錢之外，她還帶了小筆記本，在我們到家之前，她打開本子計算她花了多少錢、應該還有多少錢，然後她打開皮包，數看看裡面的錢，結果兩個數字吻合到一分錢都不少。就在那個時候，我們知道克莉絲蒂長大可以擔任會計。

她果然成為一名會計師。她大學畢業後，去美國八大會計師事務所的勤業眾信工作（現在是四大了），從有證照的會計師做起，到現在已經是合夥人。

克莉絲蒂對於人生要走的路，總是非常果斷。

她還在唸大學時，她發現在家鄉隨便走到哪裡，人家都說：「這是瑪莉．蓋茲的女兒。」

● 克莉絲蒂和她先生約翰・布萊克婚後搬去華盛頓的史波肯，距離她從小居住的西雅圖有五個鐘頭車程，是截然不同的另一個世界。這張照片是一九八七年他們的婚禮上拍攝的。

變成一個真正的父母，
或許是你一生中最重要的工作。

她不願意被稱作瑪莉的女兒或比爾・蓋茲的姊姊，所以她結婚後，便跟丈夫約翰・布萊克搬到華盛頓的史波肯去。

她憑藉自己的努力，成為社區的一股力量以及史波肯聯合勸募的主席，同時扶養兩個小孩——凱莉和蘇利，還擔任弟弟的會計師，跟她丈夫過著非常充實的生活。

因為她的能幹，加上在企業界和財經界的資歷，她現在是公共設施❺的主任以及三家公司的經理。她坐在華盛頓大學的董事會上，我也是董事的一員。我相信任何父母都能理解，當我看到克莉絲蒂處理事情的幹練稱職，以及她所做的重要工作時，心中浮現的驕傲感覺。

當我聽到她說，她每天努力工作，是因為記得看到她的母親瑪莉長時間熱情地著手同樣的工作，勤勉地為他人謀福利，我也很感動。

克莉絲蒂做為姊姊也非常稱職。

❺原書註：Public Utilities，指水電瓦斯等民生必需的設施。

我最近發現她對手足很忠心，很能替他們保守秘密。當特瑞上國中時，他常在晚上偷跑出去，跟他的朋友保羅·艾倫一起去華盛頓大學使用學校電腦。他們在住家附近的一家電腦公司找到工作，請他們藉著「入侵」電腦系統來測試這家電腦公司的安全性。

瑪莉和我根本不知道我們的兒子在上學日的晚上偷溜出去，過著駭客的雙重人生。克莉絲蒂知道，但是她從未說出去，她沒有背叛弟弟對她的信任。

她最近對我說：「我們家的地下室很容易溜出去，我只是沒有去試而已。」

我想我可以問莉比，她晚上是否偷溜出去過，但要是你知道自己可能不會喜歡那個答案，又何必問呢？

跟每個當父母的人一樣，有的時候，我會擔心自己是不是好父親，家裡每天發生這麼多事，而有些事我不會知道。

有時想想很有趣，雖然外面有這麼多好的資訊和正式的訓練，但是做父

我相信任何父母都能理解，
當我看到克莉絲蒂所做的重要工作時，
心中浮現的驕傲感覺。

● 我女兒克莉絲蒂雖然生性一絲不苟，但也曾盡情享受過這幾近完美的悠閒一天。攝於一九五七年。

母的幾乎很少去尋求指引，教我們如何成為優秀的父母親。

瑪莉跟我曾在我們的教會上過一個「有效父母訓練」的課程，這其實並不夠，即便如此，我還是記得課堂中的一句話，值得把它傳出去：「不論你要做什麼，永遠不要貶低你的孩子。」

我常說，到現在為止，我一生中最有價值的事，就是扶養我的孩子，以及做為家庭的一分子。我相信很多人也是如此，尤其當我們把家庭的定義擴大到有血緣關係的親戚、收養的家庭，甚至我們特別親密的好友。

所以，我對想成為父母的人提出一個忠告，盡一切努力，讓你為人父或為人母的表現恰如其分。

以父母的身分參與，學習有關當父母的每件事。仔細思考你想成為哪種父母，而要達到這個目標，需要做出什麼努力，然後參與、出席所需的事物。

變成一個真正的父母，或許是你一生中最重要的工作。

充滿好奇心的孩子打從一開始，
就需要自由，好回應生命的需求。

我從特瑞身上學到，童年的好奇心可以維持一生之久。

特瑞很小的時候，我常帶他去圖書館。他很喜歡閱讀，常得去還書，然後再借更多的書回家看。

我知道許多父母喜歡引誘孩子進入閱讀的園地，變成一個小讀者。讓我告訴你，即使最好的習慣有時也會過頭。我們每天帶他去圖書館借書，導致一個計畫外的結果：他讀太多書了，連在餐桌上也看！

瑪莉和我盡全力讓他知道，就某些特定社交禮節的觀點來看，跟別人吃飯時，看書是不禮貌的事。

特瑞會不停閱讀是有原因的，每年暑假，學校老師會給他們一份暑期閱讀書單，比賽誰可以讀最多書。特瑞很有競爭心，他總是要贏，所以拚命閱讀，而且也常獲勝。

不過，我認為特瑞如此執著地閱讀，是因為他充滿了好奇心。他不只想

學會某些東西，他想知道所有的事情。

我們盡力培養孩子的好奇心，我想許多父母都是這麼做的。

我們不准孩子看太多電視，但是我們讓他們買很多書。假如他們剛好還沒看完手上的書，我們不會強迫他們上床睡覺。

共進晚餐時，如果席間出現了不熟的生字，家裡一定會有人站起來，走到旁邊的書房，打開那本古老的大字典，查到字，然後大聲唸出定義。在特瑞的心中，這加強了一個信念——一旦你產生疑惑，而答案就在某處，你所要做的就是把答案找出來。

特瑞在學校表現很好，事實上，他的老師都很喜歡他。我想瑪莉和我並不了解他從自己的經驗中學到了多少。有一個很好的例子，可以說明他跟商業世界的首次接觸——賣堅果。

是的，當特瑞是童子軍時，他的小隊為了籌措假日活動的經費，需要他們在假日販賣堅果。小隊之間彼此競爭，看誰能籌到最多錢，因此特瑞花了無數個小時，挨家挨戶去賣堅果。

你對於孩子的夢想不會有限制的法規，
也無法預測這些夢想以截然不同的方式實現時，你會多麼快樂。

● 對特瑞而言，參加童子軍可不只是圍著營火烤棉花糖吃而已。每年，這些小童子軍都會挨家挨戶地推銷堅果，設法為他們的活動募款，這是特瑞的生意買賣初體驗。攝於一九六六年。

黃昏跟週末時，我跟他一起去，開車帶他到不同的社區，當他挨家挨戶兜售時，我在車上等他。

回頭想想，特瑞那時一一記錄敲每家大門賣東西時的印象，什麼因素會影響購買的決定，找到正確的市場，對你的總收入又會帶來多大的影響。

當特瑞進入青春期時，好奇心已經把他帶到另一種活動去了，他每天花很多時間跟朋友保羅・艾倫留在學校的電腦教室。

當他們都在唸中學時，特瑞、艾倫和另一個朋友發展出他們的第一個企業：成立一間販賣稱作「交通數據」（Traf-O-Data）❻產品的公司。這項產品是一種計算汽車數量的裝置，你可能看過無數次，一條電線放在馬路上，連到一個黑盒子，一旦有車子壓過電線，它就會計數，看這條馬路在某個特定時段有多少汽車經過。

「交通數據」把這些黑盒子所收集來的數據畫成圖表，顯示出每一天的每一個小時，這條馬路的交通流量，對於駕駛人決定要走哪條路線，或者對修馬路的人來說幫助很大。

我從特瑞身上學到，
童年的好奇心可以維持一生之久。

經過許多餐桌上的成功演練後，我的兒子說服了西雅圖市政府的一些職員，來家裡看他展示這台「交通數據」的妙處。

沒想到，蓋茲家的那一天，只能說人算不如天算。

「交通數據」失靈了！

當他的第一次現場展示失靈時，特瑞是怎麼反應的？

他跑進廚房大叫：「媽、媽，快來告訴他們這台機器真的可以用！」

你可能不會驚訝，他那天沒做成任何生意！交通數據最後是有點成功，但還不至於讓人料到特瑞之後因為微軟而大獲成功。

這裡或許能看到另一個人生課程——每一個成功前面，都會有好幾個失敗。

而在西雅圖那裡，似乎至少還有一個非常好奇的人。在他們成立微軟之前，特瑞和保羅．艾倫研究了成功者的秘訣。

❻原書註：Traf就是交通Traffic的簡寫。

他們在家中的餐桌上收集這些情報。在他成長的時候，瑪莉和我有很多從大學就認得的朋友，這些人在五花八門的領域擁有非凡的成就——從科學到醫學，從公共服務到企業。當我們邀請這些朋友來吃飯時，他們會很熱情地談論他們所做的事，我的孩子們從中學到很多，而特瑞總是直接提出他心中的疑惑。

當然，特瑞的問題不是只保留給客人的。

當瑪莉在聯合勸募協會工作時，他們要決定如何把錢分配給非營利組織，特瑞會追問：「媽，萬一需求沒有被滿足怎麼辦？什麼樣的問題會導致這種問題？誰在努力滿足他們的要求呢？他們會得到什麼樣的結果？妳怎麼預測結果？」

特瑞的好奇心及他對深層分析思考的忠誠從來沒有動搖過。當他和保羅成立微軟時，他訂定了一個習慣，叫做「思考週」（Think Week）。特瑞利用這段時間，幾乎是獨自思考公司的未來。

一旦你產生疑惑，而答案就在某處，
你所要做的就是把答案找出來。

● 特瑞和瑪琳達這對小倆口有個很棒的地方，他們很容易讓對方大笑。就像這張照片，是他們婚禮上，特瑞在切蛋糕。琳內・霍夫曼・強森攝。

我說「幾乎獨自」，是因為當瑪莉的母親還在世的時候，他會跟外婆嘉咪一起度過「思考週」，住在她位於胡德運河的家。她幫他煮飯，當他需要陪伴時，跟他說話。

特瑞一直到今天都保留了童年時的閱讀習慣。他不再在餐桌上閱讀了，這是好現象，因為有些他喜歡的書帶到餐桌上，真的會倒人胃口，例如《根絕傳染病》、《蚊子》、《瘧疾與人》或是《老鼠、蝨子和歷史》。

他似乎記得他所讀過的每一件事，有時會迫不及待想跟遇見的人分享他的學習心得。

他的太太瑪琳達說過，他這麼做所引起的後果是，有時在雞尾酒餐會上，當他向別人走去時，對方會急忙逃開，因為怕他開始談肺結核！

比爾和瑪琳達的相遇，起源於瑪琳達從杜克大學拿到商業管理的碩士學位，然後加入微軟公司。他們有三個小孩——珍妮佛、羅瑞和菲比。

特瑞和瑪琳達結婚很久後，他才拿到了學士學位。他在一九七五年、哈佛唸到大二時休學，這麼做的動力來自有一天，他從宿舍打了一通電話到新

墨西哥州阿布奎基市的某間公司，那裡正在開始製作世上第一台個人電腦。保羅・艾倫那時在波士頓，替Honeywell做事。他在《大眾電子學》期刊上讀到一篇關於新電腦的報導，急忙拿這篇文章給特瑞看。他們已經預期個人電腦會出現，而當個人電腦出現，軟體就會成為關鍵。

所以，當特瑞打電話給那間公司，說他有軟體要賣給他們時，他們立刻表示有興趣，替特瑞和艾倫開啟了奇妙的探險之旅，微軟就這麼誕生了。

當然，瑪莉和我知道特瑞決定放棄哈佛，準備趁電腦剛推出時把握機會創業，都很傷心。他認為當他從哈佛畢業，時機已經過去了。不過，他答應我們以後會回哈佛把學位唸完。

「以後」的承諾終於在三十二年後的二〇〇七年六月七日實現了，哈佛大學頒發榮譽法學博士的學位給特瑞，我飛到劍橋跟他及瑪琳達會面，一起看他受獎，並聽他對畢業生演講。

在謝過所有人後，特瑞告訴聽眾：「我等這一刻已經等了三十多年，現在終於有機會說了。」他看著台下的我大聲說：「爸，我一直都告訴你，我

會回來拿我的學位的。」

或許，這裡有一個經驗可以分享給同樣有好奇孩子的父母。充滿好奇心的孩子打從一開始，就需要自由，好回應生命的需求。你對於自己孩子的夢想不會有限制的法規，也無法預測這些夢想以截然不同的方式實現時，你會有多快樂。

在特瑞五十歲時，我寫了一封信給他。我在信中告訴他，我認為他的好奇心造就了今日的他。

我告訴他，對於做父親的來說，有他這種兒子，得到的回報不是一張紙可以寫完的。我把我的感覺簡潔描述如下：

「過去，我一直提醒你不要濫用形容詞『不可思議』(incredible)，不要把它用在並未達到所指的高標準的事情上。這個字具有很大的意義，只用在很特殊的情況。而我在這裡要說的是，身為你的父親，所得到的經驗是『不可思議』！」

我認爲他的好奇心造就了今日的他。

我從我女兒莉比身上學到自信和心靈的力量。

有人曾說生命的目的是讓人驚喜，而我們么女莉比的出生，就是一個生命的驚喜。

當我們知道瑪莉懷孕了，大家都非常興奮，克莉絲蒂和特瑞完全把精神放在新生兒的來臨上。

當時克莉絲蒂十歲，特瑞快九歲，所以他們對莉比不像哥哥、姊姊，反而更像叔叔和阿姨，甚至可以說，莉比有另一對父母，他們對她的呵護無微不至。

瑪莉和我一直認為克莉絲蒂和特瑞最大的貢獻，就是給予莉比自我價值，以及跟任何人在一起都覺得很自在的特質。他們幫助她培養出一個身為兒童最特別的人格特質：超乎尋常的自信。

她的自信在她踢足球時可以明顯看出來，她擔任的角色是守門員。

瑪莉和我花了很多時間到足球場看莉比踢球，我們注意到一件事，當對方進球得分，隊友大肆批評時，許多年輕守門員會哭，但是莉比不會。即使她沒有接到球，讓對方得分了，她也不會哭，她昂首闊步接受壓力，她知道自己是個好守門員。

莉比很像她的母親，是個有天分的運動員，欣賞她運動很有意思。她在高中贏得十二張證書，拿過華盛頓州網球雙打的冠軍，是壘球隊長、籃球隊長，也是網球隊長。

等到她去南加州的波莫那學院唸到大二時，她已成為籃球校隊，一直到畢業都是波莫那的校隊。

莉比跟外婆的關係，也增加了她對自己的信心。莉比從高中起的每一年暑假都在胡德運河的外婆家度過，她在那裡交到不少朋友。等到她年紀夠大了，暑假她就去餐館洗盤子打工，或在當地景點當巴士小姐。瑪莉和我會在週末的時候去看她，而她喜歡這份獨立。

她的自信在她踢足球時可以明顯看出來，
她擔任的角色是守門員。

●莉比和她丈夫道格拉斯·阿敏特勞所組成的小家庭，應該是任何人都夢寐以求的好鄰居。我很幸運，因為他們就是我的鄰居。攝於一九九〇年，胡德運河。

莉比大學畢業後，參與了一九九〇年在西雅圖舉辦的「友好運動會」（Good Will Games），爾後嫁給道格拉斯・阿敏特勞，開始了她自己的家庭生活。他們有三個孩子——艾美、史提夫和瑪莉，就住在我對面的街上。

她目前喜愛的運動項目，仍然充分反映出她的高度自信。她是兒子的籃球教練，贏得其他男孩父親的尊敬，願意接受她當教練。她也跟特瑞打網球，由於特瑞是個有強烈競爭心的人，兩人打球常常拚得你死我活。

雖然她說自己不擅長游泳，她還是參加了鐵人三項比賽，她騎了一輛很便宜的腳踏車，車上並沒加裝一些最新科技的輔助裝備。

莉比在買運動器材上是很節儉的——不只是腳踏車而已，這已經是我們家族的傳說故事了。

有一次她去買新的滑雪鞋，那時微軟已成了家喻戶曉的名字，她給運動器材店的店員信用卡，對方看到她的名字，就問她跟比爾・蓋茲有沒有關係。

她不在乎別人對她的讚美，
她相信自己的直覺。

● 最好的運動比賽總是宛如人生，有峰有谷、有贏有輸，而且既要反應快又要身手敏捷。莉比是天生的運動員，對任何運動項目——壘球、足球或籃球——在心智或體力上都很樂在其中。攝於一九八五年，壘球賽上。

她說：「沒有。」

那個人說：「我想也是，如果妳跟他有關係，妳就會買好一點的滑雪器材了！」

事實是，她不認為她需要比較貴的滑雪器材。

她的領導能力最初展現在運動場上，後來在許多地方都使她顯得特別突出。

她是母校湖邊中學的校友會長，也是波莫那學院的董事，同時也是眾多她母親服務過的團體的志工隊長，她持續展露自信。

我聽到和她一起共事的人說，做為一個領導者，她在爭議面前不偏不倚。她會聽雙方的意見，然後讓他們團結起來，從雙方的不同意見中找到最好的決策。

她能夠做到這點，我想是因為她不在乎別人對她的讚美，她相信自己的直覺。很多時候，她都讓我想起在足球賽看到的那個小女孩。

我們家以外的人常說莉比讓他們想起瑪莉，聽到這個我們並不驚訝，因

假如我們可以發掘自信，跟隨我們的心去做事，即便會讓自己受傷，我們還是能讓許多願望成真。

為我們老早就知道，除了遺傳到她母親的運動天分，莉比還遺傳到她母親的心。

打從她還是小女孩，我們就看到莉比擁有瑪莉平易近人、燦爛親切的笑容，跟別人在一起時，她會展現出發自內心的喜悅。莉比聽從她的心，她的心怎麼告訴她，她就會不計困難地去做。她是喜願協會的志工，該基金會的宗旨是滿足瀕死兒童的心願。莉比跟一個叫莉西・摩爾的小女孩成為朋友，這個孩子罹患了纖維性囊腫。

莉西的願望是和麥可・喬丹見面，這願望不容易滿足，但是莉比為了莉西，一直去追喬丹。後來她說當她接起手機，聽到「哈囉，莉比，我是麥可・喬丹」時，她矜持的註冊商標都飛到九霄雲外去了。

莉西等了兩年才見到麥可・喬丹，喬丹寫了一封信給喜願協會，表示莉西對他而言是很大的啟發，他非常高興莉西進入了他的生命。

莉西十五歲時過世，莉比受邀在她的葬禮致詞。

我從陪伴莉比成長學到可貴的人生課程，假如我們可以發掘自信，跟隨

我們的心去做事，即便跟隨心意前往的地方最終會讓自己受傷，我們還是能讓許多願望成真，不論是我們的還是別人的願望。

不滅的營火

The Enduring Campfires of Cheerio

當克莉絲蒂和特瑞還小的時候，瑪莉和我想到一個點子。後來孩子們告訴我，這項家庭傳統深深影響了他們對人生的看法。

一九五七年的夏天，我的法律事務所合夥人邀請瑪莉和我去他在胡德運河的家，跟他們一起享用營火晚餐。這個地方位於奧林匹克半島，他同時還邀請了另外六個家庭。

這些家庭的孩子都是青少年了，多年來都在胡德運河一個叫契利歐的度假勝地共度暑假。

晚餐時聽這些孩子說度假的冒險趣事，瑪莉想到一個好主意，認為我們應該採用這個傳統，開始我們的「契利歐夏天」。

我們從隔年夏天開始舉辦，那時克莉絲蒂四歲、特瑞三歲，我們也邀請

我們跟孩子一樣珍惜大家在一起的時光。

了六個家庭加入。

每個人都玩得很盡興，我們決定下一年繼續辦，一年接著一年，持續辦了十四年。在過程中，我們增加了一些家庭，最後有十一個家庭，每年都花兩個星期跟我們一起過暑假。

契利歐坐落於一個多半圍繞著樹林的大型地點，在臨運河處有很長的沙灘。契利歐的地面跟住處，走的都是質樸路線。

那裡有八幢木屋，後來增加到十幢，加上一幢裝置大型壁爐的傳統大木屋，那是我們最喜歡的聚會地點。它還有一個荒廢的網球場，雜草從水泥縫中長得到處都是。

契利歐所缺少的奢華，可以從價錢上補回來，大片的戶外空間讓我們得以舉辦特別的團體活動。

每個家庭都有拿手的項目，契利歐的活動能讓每個人都有機會展現才華，更可以去發現別人的才華。

有一個爸爸是網球好手，每個夏天他都舉辦網球比賽，讓每個孩子和大

像契利歐這樣的傳統，
最棒的是能給孩子穩定感和豐富的回憶。

人都有機會競爭，並精進球技。

有幾個父親打造了契利歐的奧林匹克運動會，項目有「兩人三腳」和「拿湯匙盛雞蛋賽跑」。優勝者可以得到和奧林匹克運動會規模相當的頒獎典禮。我們買了一些便宜的緞帶，搭了個奧運獎台，當優勝者上台去領獎時，觀眾會大聲歡呼。

有些孩子的比賽項目需要身體的協調性，像是網球、游泳跟滑水，有些項目只要你願意參加就可以了。

舉例來說，像是在寫著契利歐三個字的金色旗子後面遊行，然後比賽看誰先搶到旗子，或是參加母親們稱為「圓石」的遊戲。雖然孩子們都不知道，但圓石遊戲真正的目的是讓母親們休息，她們可以聚在海灘上聊天，而孩子們拚命去找最圓的石頭出來。

一個孩子可能興高采烈地跑去找媽媽，手中拿著石頭，大聲喊道：「妳覺得這個好嗎？」

聰明的母親會仔細檢視孩子手中的石頭，衷心稱讚一番，然後說：「或

許你能找到更好的。」孩子就馬上跑掉，去找更好的石頭了。

孩子不知不覺就在沙灘上玩了好幾個小時，有個媽媽回憶說：「孩子們都愛死了這個遊戲！」

契利歐的媽媽們不但一起監督孩子的行為，也都有很高的行為標準。假如孩子行為不當，或講髒話被任何母親聽見，馬上就會受到處罰。

契利歐晚上的活動跟白天的一樣有趣。

有兩個家庭擁有很棒的音樂才華，他們帶了豎笛和小喇叭，在營火晚會上表演，或為我們的歌聲伴奏。

我的孩子到現在還記得他們在契利歐所唱的歌的歌詞。我們用〈桂河大橋〉的主題曲為本，填上我們自己的詞。

我們做父母的需要一個儀式，讓孩子們乖乖就寢。我們讓他們在營火旁唱歌，一家一家跟著歌聲回到小木屋睡覺，其他的人揮手說晚安。

做為契利歐市的市長，帶領遊行是我的責任。

這是我們不斷在契利歐重複的眾多儀式之一。

假如你今天參加比賽輸了，沒有關係，
因爲還有明天。

我們喜歡的另一個習慣叫做「交換晚餐」，讓孩子和父母以外的人有共進晚餐的機會。每個孩子會知道今晚和他一起吃飯的對象名字，但是兄弟姊妹不會安排在同個家庭吃飯。我的孩子認為這是讓他們學習如何和瑪莉與我以外的大人聊天的好方法。

其他的契利歐傳統有星期天早上的鬆餅早餐，以及星期天晚上僅限父母參加的派對，那天晚上孩子們八點就會就寢。

我們每年都回去契利歐，孩子每年也更熟悉那邊的任務，用一個滑雪板來滑水，或是精進網球球藝，他們都成了彼此要好的朋友。大人也是。

週末時，大部分的父親把車子開上波里茉屯的渡輪，穿越普吉海灣去西雅圖上班，晚上回到營地，接受妻子和小孩的歡呼和歡迎。

一開始，我們做父親的只在長週末時才去契利歐，一年一年過去，我們的長週末一直延伸到整個禮拜。我們跟孩子一樣，珍惜大家在一起的時光。

我認為契利歐是標準的教科書範例，讓人們看到角色的傳統在孩子教養

上的重要性。

像契利歐這樣和傳統有關的地方，最棒的是能給孩子穩定感，以及所創造出來的種種回憶。我們記得在契利歐，擠在木屋的電視前面看太空人阿姆斯壯在月球上踏出他的第一步。

我們共度夏日的社區生活，孩子們也從中學到了很多的人生課程。他們近距離觀察到許多健康的婚姻，知道不是每個婚姻或家庭都一樣，他們學到了不同的家庭有不同的做事方法。

他們同時也學到了每個人的長處各有不同，你應該去看別人的長處，並且尋找自己的優點。

假如你今天參加比賽輸了，沒有關係，因為還有明天。

在孩子們長成青少年後，大家一起參加這個活動成了天方夜譚，我們後來不再參與契利歐的夏天，但是如果說契利歐不存在了，那可是個錯誤。

在契利歐傳統停止了幾十年，孩子們都長大了以後，他們從四面八方帶著自己的孩子過來團聚。看到他們在一起的樣子，他們童年親密的友誼顯然

歲月已逝，他們仍然感受到當年漫長的夏日以及圍著契利歐營火的難忘夜晚。

禁得起時間的考驗。

我的孩子說，每年暑假跟別的家庭住在一起兩個星期，是他們童年最值得回憶的事。

現在他們都有自己的孩子了，我看到他們和他們的孩子在胡德運河一起度假，重新創造當年契利歐的光景。

雖然歲月已逝，但他們告訴我，他們仍然感受到當年漫長的夏日，以及圍著契利歐營火的難忘夜晚。

長年友誼的儀式與豐富內涵

The Rites and Riches of Lasting Friendships

對我來說，生命中最重要的事情之一就是友誼。

我跟小學時代交的朋友還是有聯絡，事實上，我的第一個好朋友（在我的成長階段，他就住在隔壁）跟我還是定期見面。

一年有一次或兩次，我們高中的幾個好同學會聚在一起午餐，重溫當年的美好時光。

我認為培養珍貴的友情是一件很重要的事。

瑪莉每次都會想出一些有趣的事，讓我們跟朋友一起做——隨便在住家附近的公園打排球、尋寶或是參加化裝舞會。

現在說起來是六十年前了，她開始參加橋牌俱樂部，會員們定期聚會，而且在瑪莉過世後仍然持續。

老朋友是這樣的：
你接受他們，並爲他們著迷，
他們也不帶批評地接受你這個人。

某天晚上，這個橋牌俱樂部發生了成立以來最重要的一件事，我的朋友夏綠蒂做了一件不需語言，大家卻都能了解的事。

她認為她的牌友對她太挑剔了，大聲批評她的牌藝，所以那天晚上，當他開始批評她時，她從皮包中拿出一副冬天護耳的耳罩戴上。

我們全都笑翻了，每個人都了解夏綠蒂的意思。

把你的訊息清楚地傳遞到老朋友身上，這種勇敢的舉動並不常見。

過了比較久之後，你跟最親近的朋友達成了某種程度的了解與信任，你知道這些人，他們的偏見和個人習性。你接受他們，甚至為他們著迷。你感到他們也回頭，不帶一點批評地接受你這個人。

和好朋友分享真心的微笑時，不需講笑話才能笑得出來，你只需要彼此的笑點。

很多事盡在不言中，這是跟老朋友在一起很舒服的原因之一。

在瑪莉跟癌症搏鬥時，這群朋友的關心和溫情讓我走了過來。在她走了以後，他們填補了我生活中痛苦的空洞，他們一直主動陪伴我、安慰我。

在這群朋友裡，有些是跟瑪莉和我以及孩子們一起在契利歐共度暑假、冬天一起溜冰的家庭。孩子都長大後，我們繼續為彼此騰出時間，共享假期。我們甚至一起旅行，一起見識世界。

這些親愛的朋友當中，有些屬於橋牌俱樂部。這麼多年後，我們仍然固定聚會，雖然我們現在已決定不再打橋牌，我們還是在一起。友誼永遠比橋牌重要。

我發現要保持友誼，你必須煞費苦心提醒你在乎的人，讓他知道你在意他，他們對你而言很重要。對我來說，這意味著我必須時常寫信或打電話給他們。

我認為這樣的關心所要付出的代價很小，但換得的友誼卻很深刻，而且足以持續終生。

學習，從出生就開始

Learning Begins at Birth

嬰兒和小孩子會思考、觀察和推理。他們會思索證據、得到結論、做實驗、解決問題和搜尋眞相。——《搖籃裡的科學家》

我們投資在早期教育上的每一塊錢，都能讓我們節省將來的七塊錢。

我對孩子們的太婆拉拉有一個很重要的記憶，有一次她來我家住，早上醒來我發現克莉絲蒂和特瑞穿著睡衣，跟她擠在同一張床上一起閱讀。大聲朗讀給別人聽，是我們家的一個傳統。

有一次我們全家去迪士尼樂園玩，瑪莉和她母親嘉咪從西雅圖一路開車到南加州，我隨後坐飛機過去與她們會合。她們告訴我雖然旅途漫長，但感覺很快就過去了，因為他們輪流唸一本跟名賽馬「戰人」有關的書。他們大

聲讀出來給對方聽，然後討論書中的內容。當我抵達時，他們又告訴了我一遍。

雖然美國親子共讀已經好幾個世代了，但是幼兒早期教育的研究才剛剛起步。我在二〇〇四年因為早期教育要求一筆鉅額的經費，才注意到這件事。

我深信不疑，早期學習是這個國家教改的關鍵。

我四處詢問的結果，讓我相信孩子們在踏進教室前知道的——或不知道的——對他們後來的學習有重要的影響，包括高中時的中輟率、學習成績不佳，甚至對全球的經濟都會造成影響，因為有些高中畢業生幾乎不會讀和寫，無法學會在世上生存所需的職業技能。

以下的一些事實可以說明我的論點。沒有上托兒所的孩子，成年後遭到逮捕的機率比別人高百分之七十。缺少正向早期學習經驗的女孩，青春期懷孕的機率比別人高。在我的家鄉華盛頓州（在你的故鄉或許有可相比擬的數字），有一半以上的孩子在進幼稚園的那一天，就準備要面對失敗。

家庭結構改變了，住家社區改變了，這個世界可能也改變了，但是幼兒早期學習新事物的方式並沒有改變。

研究發現嬰兒出生不久就開始學習，他們很快就能辨認臉龐、對刺激起反應，特別是別人的關愛和注意。嬰兒會模仿他們看到的表情，而且會笑。隨後，嬰兒喜歡被人抱在懷裡，雖然一個字都認不得，但他們已經在學習朗讀❼。我相信拉拉不知道當她讀書給孩子們聽時，她已經是他們早期效法的老師。我也確定她知道孩子的辭彙累積得非常快，不斷吸收在他們文化中可被接受的行為基準。

現在要進幼稚園得先考試，孩子不需要知道分數、整數，或是如何拼字，但是如果希望他們的前景更美好，他們應該試著說出物體的顏色、自己的名字或是家裡的電話號碼，而少數的一群孩子則應該開始閱讀。

現在請想像一下，進幼稚園那天都還沒準備好的孩子會發生什麼狀況。

❼譯註：幼兒教育的重要性現在廣泛被認同，但不是先教幼兒寫字或認字，而是教他們生活教育、品德、習慣的養成，一般認為寫字到進小學一年級再教還不遲，因為那時手的小肌肉發展得比較好，學習比較輕鬆如意，沒有挫折感。大部分的幼兒教育家並不贊成像作者說的進幼稚園之前，左邊的女生已會寫ABC，右邊的男生已經會看鐘。幼兒教育不是把一年級的課程放到幼稚園去教，而是透過遊戲學習正確的人生觀和做人、做事的道理，曾經有一本書叫《生命中不可錯過的智慧》（All I Need to Know，I Learned in Kindergarten），說得非常明白。幼稚園是人生的基礎教育，不是菁英教育的先鋒。

他旁邊的女孩在寫ＡＢＣ，另一邊的男孩已經會看時鐘。

這個孩子在什麼都不懂的時候，學校就已經讓他受挫，讓他只想逃離。當他回家，媽媽問他今天在學校學了什麼，他回答：「我恨學校。」

我們不需要猜測後果如何，因為我們可想而知。他對自己失去信心、痛恨學校，因為他在那裡感到屈辱，慢慢地，隨著年級升高，他落後得越多，他會發現有很多人跟他一樣痛恨學校。

想想這個漣漪效應對孩子一生的影響，孩子的天賦被浪費了，沒有機會發展，幾百萬個孩子都可能如此。

事情大可不必如此。

我發現我們投資在早期教育上的每一塊錢，都能讓我們節省將來的七塊錢，這些錢要花在補救教學、監獄和其他社會援救專案上，價值高達數億。

這個世界跟我成長時有極大的差異。在那個時候，大部分的家庭只有一個人工作養家，另一人則留在家裡帶孩子。我們跟親戚都住得很近，可以互相支援，我們和鄰居守望相助、雞犬相聞，我們也認得同一條街上的每一個

我深信不疑，早期學習是這個國家教改的關鍵。

孩子。

這種日子已經一去不復返了。越來越多的家庭是雙薪家庭，有的是因為必須，有的是因為選擇事業。所以，優質的托兒所、訓練過的開朗專業老師、安全的環境就成了早期學習活動的合理替代品。

然而，父母的愛和注意力是無可取代的，父母的正向榜樣當然也無可取代，不過好的托兒所可以填補一些空白，就像早期的親戚和鄰居可以幫忙一樣。

我認為對我們大人來說，有一點很重要，不可以被忽略。家庭的結構可能改變了，住家社區可能改變了，這個世界可能也改變了，但是幼兒早期學習新事物的方式並沒有改變。尤其從嘉咪、拉拉、瑪莉和我唸書給孩子聽的這個經驗來看，我更能感受這一點。

對我來說，做為個體和社會的一員，不論我們自己有沒有孩子，我們的工作是延伸和支持早期的學習教育，因為一般的學習和特別的早期教育，都對我們的生活、文化和未來有重大的影響。

婚姻美滿（再婚也是）

Marrying Well (Again)

要總結你一生的成就有個很快的方法，就是去想你的墓碑上要刻什麼。我想我的墓碑上會寫著「婚姻美滿」四個字。

在我的第一任妻子瑪莉一九九四年過世後，我遇見了第二任妻子咪咪。她被學術界公認為中國藝術和文化的專家。

她擔任西雅圖藝術館的館長，在國際文化圈中素負盛名。在十年之內，她改造了市中心的博物館，使州政府頂樓的亞洲藝術館再生，她也是成立奧林匹克雕塑公園的幕後推手，這個公園坐落在西雅圖市中心的碼頭，不但得過獎項，而且也備受肯定。

除了這些有遠見、得冒險的專案，她還是耶魯大學校務發展的主任（她拿到耶魯碩士）。我們的共通點是我們都對母校盡心盡力。

跟你所愛的人一起生活，讓自己變得更好，
永遠都不嫌晚。

● 百年以後，我希望別人對我的評語會是：「他婚姻美滿。」老比爾・蓋茲和咪咪，一九九九年。佛羅倫斯・史坎道攝影公司攝。

對於在生命後期才認識的夫妻來說，在你成年的孩子和終身老友的眼光下追求異性是很特別的經驗。

剛開始約會時，咪咪和我都很低調，因為我們兩人都很重視隱私，但是在警覺的觀察者目光下，很難隱藏強烈的情感。

當我對家人、朋友宣佈我很喜歡咪咪時，有一個最好的朋友跟我說：「我們都在開始生命新的一章。」

咪咪的家人也有類似的經驗。我認為公開、容忍和熱情會帶來接受，讓你的新關係可以持續往前走。

咪咪吸引我的一個人格特質，是她老式的精神和決心，我相信這也是幫助她在專業上成功的重要關鍵。她喜歡埋頭致力於她稱為「具建設性的叛逆」（constructive rebellion）的事物。

下面我用兩個例子來說明這一點。當她的父親告訴她，女孩最重要的是找到好對象結婚時，咪咪便開始著手自己的事業。當人家告訴她女性不適合站在溪中拋釣時，她變成拋釣高手。

我想我的墓碑上會寫著
「婚姻美滿」四個字。

她鼓勵我一起分享釣魚的樂趣。事實上，我們有個約定，假如她陪我打高爾夫球，我就會陪她釣魚。但是結果跟我預期的不同——她很快就成了比我還棒的高爾夫球玩家，我卻還沒領略到釣魚的快樂。

梅開二度牽涉到的不只是容忍彼此的差異，還必須欣賞這些差異，讓差異豐富你們共同的生活。

我知道新婚夫婦應該避免某些事情，以免破壞關係。這張禁忌列表上的第一項就是「建造或重新裝潢房子」。

但是對咪咪和我來說，這一項並不成立。

當我遇見咪咪時，她愛上了美國和加拿大邊境聖瓚群島中的蕭島。在島上設計、打造一個新家，變成了我們婚後共同的探險。

我們在討論設計、風格、空間利用、材質和顏色時，很高興地發現意見竟然幾乎一樣。

我們新生活另一個很重要的部分是我們對藝術的共同喜好，就算意見有時可能相左也無妨。

咪咪是個有智慧、有修養、有內涵的鑑賞家，她跟我分享她的知識和熱情，我們經常結伴參觀藝術館或畫廊，這已經變成我生活中的一部分了。我們的品味並非如出一轍，自然會帶出攸關我們喜好的討論。不過，或許「討論」才是真正的重點。

每次的討論總給我們機會發現彼此的另一面，了解和欣賞對方的觀點。討論你贊成和不贊成的事情是不可或缺的——話語本身也是。我年紀越大，越確定只有客觀的交流才能消除偏見、防止爭辯、建立互信、加深關係。

從我成功的第二次婚姻中，我學到一個重要的教訓：跟你所愛的人一起生活，讓自己變得更好，永遠都不嫌晚。

祖父母／外公、外婆

Grandparents

我從觀察瑪莉的母親嘉咪，學到祖父母的角色在孩子的生活中扮演了非常重要的角色。

我們全家的生活都因為有她而變得更豐富、更充實。

我的孩子長大後，瑪莉開始花更多的時間去擔任志工，所以她母親每天都到我家等孩子放學。

雖然那時瑪莉的父親已經過世了，嘉咪獨居在家，但她幾乎從不留下來吃晚飯。她是一個極具主見的人，堅持我們需要家人共處的時間，而且沒有外人在場。

在我們孩子的心目中，嘉咪是強而有力的公正人士，不隨便對人做出評斷。

祖父母或叔叔、阿姨
可以增進孩子的自我價值。

莉比記得嘉咪是個真正的朋友，是可以分享心事的人，她永遠不會出賣妳。

克莉絲蒂把嘉咪當成她的第二個母親。

特瑞去外婆家時，會先進行對他最重要的創意思考，這件事說明了外婆對他的意義。

我從嘉咪身上學到「參與對身為祖父所具備的意義」。

我試著在孫子小時候帶他們去吃麥當勞，或在學校的「祖父母日」出席，藉著做些日常瑣事，好參與他們的生活。

咪咪常跟我一起去學校參加祖父母日，不時買書給孫子們，還特別挑他們有興趣的，我從她身上學到並不需要血緣關係，你也可以做個好的祖父母。

她很喜歡說下面這個故事：有一次她帶一個小孫子去西雅圖美術館，參加專門為孩子設計的面具製作工作坊。

老師請父母和祖父母站到一邊，孩子站另一邊。我的孫女站著不動，

祖父母的角色在孩子的生活中扮演了非常重要的角色。

當老師問她為什麼不動時，她說：「她不是我的母親或祖母，她是我的繼祖母。」

老師謝謝她，改請所有的繼祖父母加入父母或祖父母的行列。

我們帶彼此的孫子去度假，當成他們十歲的生日禮物。這是為了讓孩子認識我們，也讓我們認識孩子，我們覺得效果應該不錯。

最近我們帶小孫女去蕭島玩，很高興看到她跟隔壁鄰居的小女孩玩得很開心。

然而，我認為真正會流傳下來的訊息是：祖父母或叔叔、阿姨可以增進孩子的自我價值，大人傳遞給孩子的訊息是：「我在乎你，你的所作所為對我來說很重要，我想看著你，我要記錄你所做的事。」

領袖

A Lesson on Leadership

我曾受邀在星期六早上的教會禮拜時演講，主題是「領袖」。

我把演講稿改了又改，這篇演講要談的是分析我對我所知道的好領袖，究竟是什麼原因使他們變成好領袖，例如正直、具備外交手腕，或是明知說出口會不受歡迎，但仍然仗義執言，這些人格特質使他們脫穎而出成為領袖。

那天早上準備到最後，我臨時把林肯總統的連任就職演講稿印出來，分發給大家。

這篇講稿刻在林肯紀念堂的石頭上，我永遠忘不了在那裡讀到這篇講詞時內心的感受。

這是在南北戰爭末期所寫的，那時黑奴已經解放，北軍勝利在握，林肯

我們還沒對別人付出貢獻之前，
不可能成功。

著眼於未來。

在這本《林肯最偉大的演講》中，作者羅南・懷特對這篇講稿做了深入的觀察，提醒現代讀者戰爭的慘痛代價。南北戰爭死亡的人數幾乎等於美國後來戰爭死亡人數的總和。

林肯原本可以把演講稿聚焦到戰爭上，北軍是贏家，他大可藉機譴責南軍、打擊誹謗他的人，但是他沒有這麼做，他提到不管北方或南方，都想要避免戰爭。

他說北方和南方都向同一個上帝禱告，都讀同一本《聖經》。他說蓄奴是道德的錯誤，警告不可藉此審判南方，好「不至於受審」❽。

他關心照顧戰士的遺孀和孤兒，希望將國家的傷痕連結起來，並且秉持不對任何人懷抱惡意、向所有人施善的心，勇敢地往前走。

有個婦女在華盛頓州稅法研習會上對我說了一句話，讓我有種很像從林

❽編註：典出《聖經》「But if we judged ourselves rightly, we would not be judged.」，意指「我們若是先分辨自己，就不至於受審。」

肯連任就職典禮致詞所得到的感受。

我那時剛講完稅法，我說我所主持的稅務改進委員會的目標是使州稅對窮人和富人更平等，同時又能兼顧到處理人道需求所需的金錢來源。中場休息時，有個婦女舉手發問：「蓋茲先生，在我聽來，你的意思是說同舟共濟，我們是命運共同體嗎？」

我現在一直引用她的話。事實上，這句話已經成了我最愛用的格言。這裡最基本的理念是相互依賴，我們還沒對別人付出貢獻之前，不可能成功。

我想這就是林肯在他的演說中要講的：「我們是命運共同體。」

危機中的美國

America at Risk

假如一個不友善的外國強權，企圖把美國今日存在的二流教育表現強加在美國人身上，我們可能會將其視爲戰爭行爲。——國家教育卓越委員會

當人民有所堅持時，改革就會發生。

自從我一九五〇年從法學院畢業以後，我就一直參與公共教育。我替學校募款，擔任大學參訪委員會和商業團體委員會的委員，更擔任華盛頓大學的董事超過十年以上。

我非常關心美國教育的品質。

一九八三年，國家教育卓越委員會出版了一份指標性的報告「危機中的國家」，證實了我的擔憂。

在這份報告的一開始，就有一段非常精采的文字，全文引用如下：

「我們竟然允許目前的情況發生在我們身上，俄國太空梭史波尼克（Sputnik）挑戰時所獲得的學界成就，被我們白白浪費了。更糟的是，我們解散了關鍵的支援系統，這些系統幫助我們得到可能的成就。實際上，我們做的是缺乏思考、單向的裁減教育行為。」

思考這個問題時，我發現一件很有意思的事——我們的高等教育品質被視為全球最佳。

身為大學董事，我想我了解原因，我觀察到大學之間彼此競爭激烈，激烈的程度跟你能說出名字的任何企業一樣。

他們競爭好學生、好教授，以及最好的設備。

大學的排名，以及底下的學院和系所排名——雖然有時會遭人嘲笑——最常讓人嚴肅以待，而且會持續做出一堆努力，好改善排名的順序。

要做對並不容易，過程也不舒服，
要敢去做，就要有很大的決心及你我的支持。

在激烈競爭的情況和氣氛下，教授學術的表現和教學的好壞直接關係到薪水和升遷。而在申請研究經費時，永遠有更強的對手在搶這塊餅。試想：假如我們的大學這麼好，競爭又無所不在，督促著大學的運作，教育的品質不是應該會提升嗎？我認為答案應該是會。

那麼，大學以前的教育又是如何呢？我也去研究了一下。

任何中小學教育系統的分析都顯示，大學以下的學校幾乎沒有競爭意識，老師之間沒有競爭，學校之間沒有競爭，學區之間也沒有競爭。

我說「幾乎沒有」，是因為從公立教育比較基準點的兩個元素「畢業率」及「標準測驗的分數」來看，它們不具影響力。

美國中小學教育系統有幾個顯而易見的事實：學校可依學生表現來評斷好壞；老師可根據他的教學能力和引起學生的學習動機來評估優劣；我們最優秀的大學畢業生不想成為老師；弱勢的孩子高中中輟率高達百分之四十左右。

挑戰在於我們的教育改革得從根本做起，為中小學的專業師資賦予新的

活力。

我重新思考高等教育有效的原因，是因為每個人都有學習動機。為什麼不把同樣的激勵機制運用到中小學教育系統上呢？

老師們和行政人員可以因為表現良好而期待獎金，而不適任的老師則會遭到解聘、失業或降級。另一個不可忽略的元素是尊敬同儕，因為表現優異而贏得他人尊敬，尊敬也是一種強而有力的動機。

我對這些需求的未來很樂觀，終有一天會被認可和接受，但我並未低估眼前的挑戰。教得好的老師獎金比較高，一定會動搖現行的平頭主義制度。

在學校制度腐敗至極的時候，民眾自然會出現教改的意願，如此一來，劇烈的改革就可以被接受。

最好的例子是紐約市的教改。當時的市長麥可．布魯伯格認為必須進行大幅度的改革，他親自主持改革，聘請了一位前法庭律師擔任教育局長。他們把幾間人數超過兩千人的大型高中，重組為規模比較小的高中，用公辦民營的方式來經營這些新學校。

挑戰在於我們的教育改革得從根本做起，為中小學的專業師資賦予新的活力。

結果這些服務同樣學區的新學校，畢業率從原來的百分之三十五增加到百分之三十七。

另一個有力的例子是華盛頓特區。市民以史無前例的高票選出了新市長，他的任務就是教改，他成立了教育部門，使當地的教育委員會和市議會失去直接控制特區公立學校的權力。

另一個因素是華盛頓特區新任的總校長蜜雪兒·瑞，她是教改人士，把問題最大的學校關閉、開除校長、解聘了幾百位老師，並開始獎勵教學成績好的老師，使華盛頓特區的教育煥然一新。

他們使用有意義的方式攻訐弊病，不過現在還是沒有人敢宣稱教改已經成功。

這裡有兩個進步的必要條件：增加中央權力和有效地經營教導我們子女的師資團體。

許多父母、老師、學校行政人員和社區拒絕承認他們的學校制度有問題。我對教育改革的樂觀，立基於幾個主要城市，像是紐約和華盛頓特區，

他們的學校制度可以起死回生，所以我也相信，當人民有所堅持時，改革就會發生。

要解決美國教育所碰到的問題，需要基本層面的改革及激烈的手段。要做對並不容易，過程也不舒服，要敢去做，就要有很大的決心及你我的支持。

Four-Letter Words

四個字母的箴言

我們無疑得到許多資源，
問題是我們回饋了什麼？

有些四個字母的字會使禮貌的對話立刻停止，但是我發現有一個字眼最具殺傷力，卻最少引起人們的震撼或困窘。

這個字便是「我的」（mine）。

在我們工作時，我們常會把成功的功勞據為己有。假如我們生性寬厚，我們可能會說是因為運氣好或得到朋友及時的幫助。

但是，大部分的人會忽略別人的貢獻。像我們住在自由開放社會的人，很少人會想到我們能享受到這一切，有很大一部分必須歸功於國家。

要說明這一點，請讓我舉一個我兒子成功的例子。我將他的成功歸功於努力工作、聰明、有智慧、有毅力、對科技和發明有熱情，以及對工作和生命有很強的分析能力——這些都是資本主義社會的人認為邁向成功的特質。

但是，假如他在巴基斯坦和阿富汗交界的山上長大呢？或是生在蘇丹的達佛呢？那麼就不可能有微軟公司存在，也不可能有這個基金會了。

我兒子很幸運，他生在一個重視教育、個人進取心，以及思想與表達自由的社會，這個社會給市民創業的各種機制和條件，從正常運作的法律系統到財政服務，包括銀行及其他籌集資本的方式。

我們今天能夠快樂且富裕地生活，有一個原因是我們站在投資公共利益的祖先的肩膀上，前人種樹，後人乘涼，投資他們的當下，連我們的未來也跟著受益。我們無疑得到許多資源，問題是我們回饋了什麼。

這讓我想到另一個四個字母的字：「我們的」（ours）。

離開邊線，起而力行

Getting off the Sidelines

想要界定被稱為「我的」，以及被視為「我們的」，這兩者中間的界線似乎非常容易定義；但是替整個社會來決定，就需要一些時間、思考和辯論了。

下面這個例子來自於我的親身經驗。

一九九九年某天，我走進西雅圖辦公大樓的電梯，在電梯裡碰到一個老朋友。我問他最近在忙什麼，他說他替一家公司當了很久的顧問，專門負責某個問題。他告訴我工作這麼久，終於要有代價了，國會即將通過法案，這個法案就是聯邦遺產稅的修正案。

他的話帶給我一陣不安。

我不曉得外面竟然有一個有力、有組織的機構在推動我認為公平且重要

我找不到任何放棄遺產稅的理由。

的稅法改革，我一直認為這不過是單純的司法過程。

我一直認為有錢人所接受的社會利益和其納稅比例不相稱，按照比例付稅，是最公平的政府稅收方式，而大多數西方民主社會的公民似乎都同意累進稅率。

在過去幾年裡，因為我支持遺產稅，許多人一再提醒我要多聽各界的聲音，要儘可能蒐集事實。我欣賞、卻也要譴責修改稅法者的小聰明，他們把遺產稅稱作「死亡稅」（death tax）。

我覺得比較恰當的名稱應該是「感恩的繼承人稅」（grateful heirs tax）。這是當財富轉移時，繼承人要繳的稅，跟很多其他的稅一樣。

一旦你超越了標語口號，你就會清楚地看到遺產稅一百年來替公眾做了很好的工作，我找不到任何放棄它的理由。

也有很多聲音舉出很好的理由來維持原案。社運人士恰克・科林斯和我在我們的《財富和共同福利》一書中條列大綱，我們舉了美國的開國元勳們，還有名思想家對遺產稅的辯論，將他們所說的話、所寫的文章都收錄到

投入社會最好的方式是直接參與，
離開邊線，投身來做。

書中。舉例來說，羅斯福總統在一九一六年通過法案時，曾經熱情地說明遺產稅與公平正義之間的關係。

有人出於關心，主張要是沒有遺產稅，市民就得付更多錢給政府，好讓政府有能力完成我們給政府權力去做的事，像是建立軍隊、修築馬路、蓋學校等等。

到了本世紀初，這個國家已經非常接近經濟貴族的社會，富人和窮人的差距越拉越大。就如巴菲特這個最有錢的美國人、也是最支持遺產稅的人最近所說的，社會最底層和中間的人不斷讓步，不該發生這樣的現象才對。

我認為假如遺產稅修法成功，我們的社會將會產生下列的變化——富者更富，中下階級的人越來越難往上爬，直接威脅到美國夢的核心——任何人運用天賦和努力，都應該過更好的生活。

民有、民治、民享

Government of the People, by the People, for the People

下面兩個關於我們政府的想法，你可能不會在政治家的辯論中聽到。

那些宣稱累積的財富屬於自己，可以傳給子孫，不需付任何稅的人，他們完全沒有想到，他們之所以能夠創造出這些財富，政府機制和公家的錢居功厥偉。

一份事業會成功，政府其實扮演了很重要的角色，只是我們平常沒有想到，例如公路、機場、航空交通系統等我們都需要、也都用得到的設備。

我也讀到過去五十年來，我們國家總生產毛額的一半來自政府投資在基礎研究所帶出來的高科技產物。聯邦和州政府每年投資千百萬美元，去支持私人投資者不敢投資的研究，而我們大家都在享用這些研究成果。

新產品和新做法造福了全人類，也創造了私人財富的根基，如果追溯私

我們都盡了公民該有的責任和義務，
我們在重要公共事務的討論上發聲，
說出我們的意見。

人財富的起源，常會發現它是某大學多年來研究的成果，政府長期投注在基礎研究上，再將所有權開放給基於這份研究而衍生的產品。

在幾千個重要的發現中，人類基因解碼、積體電路，以及網際網路是最好的三個例子。

早期的美國工業，從製造到製藥、農業和生命科學，都從政府投資的基礎科學得到好處。

當然，這些好處不只如此，還延伸到受聘擴充網路公司辦公空間的包商雇工，也延伸到被雇去投資軟體設計師資產的華爾街股票仲介。

政府在提升職場水準上，的確扮演了重要的角色。

所以我認為，政府有權力從最成功公民的繼承者身上取回一些投資，好讓重要的投資順利運作。

我很坦白地質疑，那些堅持最富者的下一代應該拿到百分之百遺產的人，他的價值觀何在？

現代人習慣把壞事統統怪罪到政府和政客身上，藉此抗拒繳稅，但是卻

很少聽到因為事情進展順利，感謝政府、認為政府做得好的聲音。

我在遊說維持聯邦遺產稅法案時，也學到一個教訓：學習美國體制最好的方法，就是直接參與。我們必須離開邊線，投身進行。

我在華盛頓特區時碰到幾位參議員、眾議員及他們的助理，他們的人格特質與高尚的品格深深鼓勵了我，這當中包括和我意見相左的人。

我對遺產稅的修正案抱持強烈意見，我同時也了解一個品德高尚、心地善良的人對某些社會政策會有不同的看法，就像我前面說到在電梯裡偶然碰到的老朋友。

儘管意見不同，重要的是我們都盡了公民該有的責任和義務，我們盡量蒐集訊息，我們在重要公共事務的討論上發聲，說出我們的意見。我們用這個方法維持理想，也就是我們生活方式的核心，透過參與公共事務，不斷為更新我們的社會背後的強大動力充電。

活得越老，長得越高

The Older You Grow the Taller You Get

年紀變大這件事賦予生命足夠的時間，讓你有機會體驗意想不到的事情。

人們對於變老這件事，經常有些奇怪的想法。當我的孫子們還小時，他們誤以為人活得越老，就會長得越高，因為我身高近兩百公分，又是他們認得的人當中最老的。他們非常害怕哪天我會衝破屋頂。

現在回頭去看，我不覺得他們的想法有多奇怪。我心情愉快時，很容易就忘掉自己有多老。

但是我們基金會的人一喊我，就把我帶回了現實。在走廊上會聽到他們說：「你有看到老蓋茲嗎？」或是「老蓋茲在那裡開會嗎？」

我退休時並沒有想到要發展第二個事業。有一天晚上，我自願幫忙比爾和瑪琳達處理他們接到的捐款要求，一幫就幫到了現在。

年紀變大的好處之一，是賦予生命足夠的時間，讓你有機會體驗意想不到的事情。

長壽是今天許多美國人意外擁有的機會，世上有很多地方的人都無法夢想。

我想，莫三比克一般人的平均壽命是四十七歲，能活到七十或八十歲，必須是很有錢和很健康的人才辦得到。

因此，擔心家有老人是有錢人才有的高級問題。

老人其實是非常巨大的資源。美國七十五歲以上的老人家裡，有將近五十萬人是「國家老人服務隊」的志工，他們擔任育幼院或孤兒院中祖父母的角色，或做其他陪伴孩子的工作，也有幾百人在和平工作團服務。

我們都知道，老人是他們教會和服務團體最可靠的朋友。

有些老人則持續工作，或開始第二事業。

我心情愉快時，
很容易就忘掉自己有多老。

我有一個朋友是退休護士，她召集了外科醫生，跟她一起每年去喜馬拉雅山區國家不丹義診兩次，為當地的孩子動手術。

我認為很多老人家不出來做事，不是他生活上有問題，而是我們怎麼看待他們。

有的時候，我們太快注意年齡帶來的限制，而忽略了年齡帶來的優勢。有一本研究年紀和偉大之間關係的書，作者梅蘭妮・布朗提出歷史上有很多人在晚年完成最偉大的事情，例如最高法院大法官威廉・道格拉斯、雕刻家路易斯・奈佛森、黑人女高音瑪莉安・安德遜、芭蕾舞蹈大師喬治・巴蘭欽、女畫家歐姬芙、導演希區考克、畫家林布蘭、音樂家巴哈、海洋學家賈克．庫斯托及很多人。

布朗博士注意到莫內有白內障，所以他的視覺是扭曲的，但是他利用這份扭曲畫出了不朽的睡蓮。她說他畫作的細緻、光線、柔和以及美好，並不是來自「眼」，而是來自「心」（not eyesight, but insight），他能感受到大自然細微的特質。

我在這裡，不是想跳過年紀漸增時的挑戰，隨著年紀變大，難免會面臨許多嚴峻的挑戰。

我很了解明知認識、卻怎麼也想不起對方名字的挫敗感。

在這種時候，我就會想起《新共和國》雜誌的編輯、已故的布魯斯．布利文所說的話。有一次有人問他：「當老人有什麼感覺？」他說：「我不覺得我是老人，我覺得我是個年輕人，只是有些毛病而已。」

我還是每天做記憶練習（希望有幫助），我深信一件事，跟我孫子認為人越老、長得越高的想法不謀而合。

那就是，我們永遠不會停止成長。

表達感恩

An Expression of Gratitude

我第一次受邀去微軟員工的年會演講時，我的聽眾是二十歲上下的年輕小夥子，他們八成覺得我很老，而且和他們沒什麼關係。

我用下面這段話開場：「沒有我，你們今天都不會在這裡。」

底下哄堂大笑，全神貫注聽我說話，我甚至可以感覺到有人露出感恩的神情。

這正是這篇文章的重點。

我在幫聯合勸募協會募款，想要激勵聽眾，希望他們越慷慨越好。

要讓人們貢獻時間與金錢給聯合勸募有個挑戰，就是必須讓人們知道他們幫助了很多團體，有些團體名氣不大，但是能接觸到捐款者可能一生都沒有機會認識的人。

她找到工作，
找到對「可能性」懷抱的信心。

這就是為什麼我常分享擔任聯合勸募協會主席時的經驗，就像我那天在微軟年會上做的，把志工的領袖介紹給聯合勸募協會支持的一些機構。我們邀請志工領袖進行巴士之旅，把他們載到可能捐錢幫忙的捐款者那裡，讓他們面對面交流。

我們有一個慈善團體叫「過渡時期青少年臨時資源站」（Transitional Resources for Youth），簡稱TRY，幫助精神病患者康復後能過正常的生活。

除此之外，TRY提供住宿與食物給剛離開精神病院的病人，幫他們找工作，讓他們的生活重回軌道。

但是，當我們的小巴開進TRY時，我一看到地方就覺得很失望。

我想，這麼小、這麼普通的房子，怎麼可能提供給一打以上的病人居住……我擔心這個地方看起來太不顯眼，無法促使志工前來幫忙。

當我們進入客廳，一位衣著非常整潔的年輕小姐來接待我們，我以為她是TRY的職員。

那些小事都將在家人和朋友的心中留下長久的記憶。

她不是，她是住在這裡的前精神病患者。

她站起來，很緊張地告訴我們身為一個精神病患者的問題，她在精神病院住了一陣子，現在出院了，準備要回到外面的世界。

感謝TRY的幫助，現在她找到了工作，正在重建生活。

她非常高興她找到了很多年前就失去的一樣東西——對「可能性」懷抱信心。

她的工作提供的休假時間並不多，但當她聽說我們要來，便請了無薪假，好在這裡接待我們。她要親自謝謝我們，並讓我們知道，要是沒有我們，她不可能開啟剛剛描述給我們聽的新生活。

那一天我信心滿滿地離開小屋，知道聯合勸募協會的志工深深被打動了，而我也是。

她的故事讓我們募到最高紀錄的捐款，那天在場的微軟員工每個人都慷慨解囊，大家都受到她的感恩所感動。

傳統——創造回憶

Traditions—Making Memories

我認為家庭傳統給孩子一種延續的感覺，能在充滿改變跟不確定的世界裡找到永久的磐石。

沒有人知道明天或明年會怎麼樣，但是傳統是里程碑或紀念堂，帶給我們可預測性，塑造及形成我們的生活。

瑪莉和我都認為特意組織的家庭生活是很重要的，所以我們把兩家的傳統加進來，創造出我們自己獨特的傳統。

有一個傳統起源於嘉咪家，就是星期天的晚餐，晚餐菜單不變，永遠是烤牛肉、玉米跟烤馬鈴薯（創辦微軟後，特瑞每次都遲到，所以他總吃到烤成全熟的冷牛肉）。

延續星期天晚餐這樣的習慣，有一個很重要的原因，因為父母有責任讓

家庭傳統給孩子一種延續的感覺，
在充滿改變的世界找到永久的磐石。

孩子適應社會生活。對我來說，這指的正是分享故事，和討論孩子今天學到的議題，像是家裡可以接受什麼、什麼又是重要的。這能帶給他們腳踏實地的歸屬感，讓他們知道自己是誰。

我也認為重複傳統，例如每個星期天都去外婆家吃飯，讓孩子知道對他們所愛的人而言，參與和出席是很重要的事。

跟家人及朋友共度假日的傳統過節方式，也傳達了同樣的意義。

我們家有一個傳統，聖誕節早上每個人都穿同款花色的睡衣。瑪莉和嘉咪每年都買同款花色的睡衣，然後把睡衣掛在樹上，對孫執輩來說，這也是創造回憶的絕佳方式。

通常都是這種小事會在家人和朋友心中留下長久的記憶。

在我的成長時期，每年夏天去胡德運河是我們家的傳統。我在七歲時釣到生平的第一條大魚——一條鮭魚，我母親替我照了一張我拎著魚的照片，我到現在還珍藏著。不過，我可能不需要照片來提醒我這一刻，除了那條魚，那天的記憶永遠儲存在我的腦海中。

我的家人仍然在胡德運河創造回憶。

嘉咪葬禮那天，我們一家人全擠上我的福特廂型車，尋找嘉咪告訴我們正在兜售的那塊地。

特瑞把地買了下來，把它變成我們一起度假的地方。

孩子還小時，我們會辦契利歐奧林匹克比賽，現在在同樣的地點，重新為我們的孫子舉辦，雖然咪咪和我都覺得跑接力賽滿吃力的，但是競賽和球賽一直是我們家的傳統，此外，那也是跟別人交流的好方法。遊戲帶給孩子機會，讓他們學習如何在安全的地方冒險，萬一沒有贏，你也不會失去一切。

在微軟的第十五個年頭，契利歐奧林匹克比賽又回來了，我們幫特瑞策畫他稱之為「微賽」（Microgames）的活動。受邀參加的人組成團隊來參加各種競賽，受到很棒的款待，參加者有微軟的員工和朋友，還包括當年第一代契利歐的創始會員。

就像瑪莉在孩子小的時候替他們設計的活動一樣，「微賽」也培養參賽

沒有人知道明天或明年會怎麼樣，
但是傳統是里程碑或紀念堂。

者的同志情誼：人人為我，我為人人。

有個我們家庭的老朋友回憶道，有一年他參加微賽，他和太太很快就被引導到一張桌子，同隊的人都坐著。為了不想成為墊底隊伍的一員，他立刻研究桌邊每個人的長處。有個人讓他緊張起來，那個人戴了一頂很舊的棒球帽，穿著很隨便。「這個人是誰？」他在心中暗問：「他有能力參加比賽嗎？」

當這個戴舊帽子的人自我介紹時，他的恐懼消失了，那個人是華倫・巴菲特。

傳統在任何家庭的生活時光中，都是重要的記號，但是生命就像流水，不停往前流去。朋友會搬家，孩子會長大，新的人、新的興趣會加入我們的生活。

當每一代保持傳統、重複執行時，人們其實還是來來去去，慶祝這個傳統的不會是完全相同的人，而傳統本身也會來來去去，舊傳統消失了，然後新的傳統添加進來。

我們的經驗是，當老的傳統離開時，位置會被新的傳統取代，而新的傳統會替家庭生活帶來新的能量與刺激。

讓每個人都跳舞

Getting Everybody Dancing

當律師時，人們會找我給他們忠告；現在是人們要給我忠告——怎麼花兒子和媳婦的錢。

人們常問我，當律師時的生活跟現在當大基金會執行長的生活有什麼不同？而當執行長的生活又是什麼樣子？

我第一個注意到的差異，是開業當律師時，人們會找我給他們忠告；現在則是人們要給我忠告——怎麼花我兒子和媳婦的錢的忠告。

我有時會在一間叫「漢堡大師」的店吃午餐，這間店在我的住處附近，沒想到在我們創辦基金會後，去那裡吃飯的習慣卻使我上了倫敦的小報。倫敦的一家報紙報導我如何在漢堡小店的人造皮沙發上吃掉我兒子的百萬美元，還登了一張我戴著棒球帽在餐廳的照片。之後有好幾個月，世界各地的人把給我的信寄到漢堡大師。

在比爾和瑪琳達基金會成立之初，有些信件的要求超過我們基金會的能

力。

例如，有個看電視的人看到火山爆發，非常緊張，來了封緊急的信，問我們可不可以把黃石公園火山的岩漿抽掉。

另一個人要我們出資支持一個跳舞頻道，讓全國民眾可以在電視上學到相同的舞步。他認為這樣能讓東岸的人跟西岸的人一起跳舞。假如我們只需讓每個人跳舞就好，那我們一定能解決很多社會問題！

現在想想，不知道那封信跟我最愛看的電視真人秀「與巨星共舞」有沒有關係？

我從這些信件中學到，大多數的信件都出自想改善社區的人手中。他們的信跟比爾和瑪琳達給我的信差異其實不大。那天他們讀到一篇報導，開發中國家的人，尤其是兒童，大多死於對我們來說鮮少致命的疾病，像是痲疹、瘧疾跟腹瀉。他們把這篇文章轉給我，附上一張便條紙，寫著：「爸，或許我們可以對這些情況做點事？」

不久，提供這些孩子疫苗就成了我們基金會最主要的任務。我們選擇疫

我們的鄰居不再侷限於同一條街或同一個鎮，
我們的鄰居遍佈全球。

苗，是因為當你考慮相關的益處時，疫苗可能是最具效益的醫療工具。在孩子一歲前提供幾次疫苗，可以拯救幾百萬條生命。從全球的健康狀況來看，我們決定將目標放在預防上。

不論是提供疫苗給偏遠國家的孩子，或是捐電腦給圖書館，讓買不起電腦的人也可以上網找工作，驅使比爾和瑪琳達去幫助別人的動力，跟驅使你捐獻時間和金錢給你社區的原因並無二致。

鄰里協力、守望相助並非不尋常的精神，唯一要改變的，是我們對「鄰里」的定義。

在今日的世界，我們的鄰居不再局限於同一條街或同一個鎮，鄰居遍佈於全球。

而我們，其實都在這個舞池中。

給女性力量

Empowering Women

我的朋友蘇珊・克魯特從一開始就和我一樣的共通點，在於我們兩人都花了好幾年的時間擔任「家庭計畫」（Planned Parenthood）的志工。我們都相信，假如給予女性權力跟選擇權，選擇要有幾個小孩、什麼時候有，會帶來極大的好處。

我們也認為，假如是因為想要下一代才生小孩，這個家庭會比較健康，對社區也比較好。

蘇珊是我們的鄰居，恰好也在瑪莉和我帶大孩子的那條街上養育孩子。但是我們的友誼真正開始，源自我邀請她來替我做事。

在那個時候，威廉・蓋茲基金會（比爾和瑪琳達・蓋茲基金會的前身）甫成立，會址在我家地下室，我們正在找出適合我們宗旨（減少世界受苦）

給予強壯的女人權力和選擇權時，
她們可以改善生活的品質。

的項目去支持，而家庭計畫是我們支持的項目之一。

蘇珊接受了我的邀請，在我家上半天班，其他時間則在她家一間用臥室倉卒改裝而成的臨時辦公室。

當基金會的事情越來越多，有人來我家地下室問事情時，我就會指著馬路盡頭的蘇珊家，不自覺地說：「去問鄰居太太。」

蘇珊很喜歡這個工作，但是我被很多人罵，因為她做這份工作顯然委屈了她。

她很早就獻身為世界上最窮苦的女性和孩子發聲。

早在大學時，她就渴望跟別的國家的人聯繫，因此當了交換學生，大學畢業後參加「和平工作團」（Peace Corps），遠赴尼泊爾擔任志工。

回到美國以後，她到專門為窮苦國家人民提供現代醫療的團體擔任職員，此時也因身為「家庭計畫」的支持者而名聞國際。

身為得照顧家庭的年輕母親，她帶著兩個年幼的兒子奈特和強尼一起參加支持家庭計畫的遊行，手邊是一張自己所做的標語：「我的母親很重要」

（My Mother Matters）。

蘇珊不論在家裡或職場，都為她的理念而活。

當她的孩子滿十六歲時，她有她自己為孩子舉辦的成人禮。她把家裡所有裝糖果的盤子、盒子拿出來，把糖果倒掉，放入保險套，蘇珊認為生理上成熟的男孩都應該知道保險套。當蘇珊和丈夫（他們在和平志工團相遇）都在上班，省吃儉用要讓孩子上大學時，他們依舊跟認識的尼泊爾家庭保持聯繫。

每隔一年，他們就寄嬰兒衣服到尼泊爾，給那些家庭的新生兒穿。

在那些嬰兒中，有個女孩到了青春期時，她母親依照尼泊爾的習俗安排女兒的婚事。蘇珊挑戰那個母親，她知道這女孩不想結婚，所以她答應那個母親，假如她延緩女兒的婚事，蘇珊會支付女孩的學費。這個女孩唸到大學畢業，後來嫁了一個她愛的人。在此同時，蘇珊透過各種管道，改善全世界過著類似處境的女孩的生活。

蘇珊和戈頓·普金醫生是我早期參訪窮苦國家的嚮導。普金醫生是我們

不論對方住在隔壁街上，還是隔著一個地球，
他的福祉也該是我們關心的項目。

「全球健康」（Global Health）的第一位主任，也是蘇珊服務的協助貧窮國家現代醫療組織的創辦人。在這些參訪中，我親眼看到我們的世界鄰居過著什麼樣的生活。蘇珊也開始我們的救援服務，當斯里蘭卡海嘯和印度地震發生時，我們都能伸出援手。

整體來說，蘇珊幫助我們建立關係與結盟，將大量資源和人力投入我們都關心的議題。

二〇〇五年，蘇珊死於乳癌，我非常懷念她。

她去世後一年，她家人將她的骨灰帶回她鍾愛的尼泊爾。

尼泊爾的山腳下有一間現代化、有良好設備的大型避難所用她的名字來命名，以紀念她一生的奉獻，懷孕的母親在產前和產後都可以來住這間鄰近醫院的避難所。

這項設施對周遭缺乏醫生的婦女來說尤其重要。在開發中國家，剖腹產往往會引起併發症，很可能讓母子兩人送命。

蘇珊的一生給了我兩個重要的人生課程。

一是給予堅強的女人權力和選擇權時，她們可以改善生活的品質，以及社群中其他家庭的生活品質。事實上，專家們認為改善開發中國家最迫切問題的方式，就是提升婦女的地位。

另一個重要的人生課程，就是不論對方住在隔壁街上，還是隔著一個地球，他的福祉也該是我們關心的項目。

最後要讚美蘇珊的貢獻。我告訴她，雖然我一直跟她開玩笑，多年來都稱她「鄰居太太」，但如果有人問我會怎麼形容蘇珊，我會告訴他，「全世界的鄰居太太」（Neighbor Lady to the World）是最好的說法。

對鄰居有益的福報會回到自己身上來

When the Benefits of Neighboring Come Full Circle

我們都曾因不是我們所生的火而感到溫暖，都喝過不是我們掘的井的水。

——美國政治人物羅伯．勞倫斯．史密斯

當我們在做好事時，
預期之外的好運會降臨到我們頭上。

我們的生活和開發中國家人民的生活存在著天壤之別，以及令人震驚的不公平。

我們有無數方法，可以幫助那些遙遠的鄰居，改善他們的生活品質。這裡有個例子。

我曾經去過孟加拉共和國，我可以告訴你，今天早上，我們在那裡的鄰居——一個年輕母親——正在想辦法通過擁擠的首都達卡街道（那是個有至

少四十萬輛人力三輪車的城市）。

她非常擔心懷中所抱的嬰兒，孩子因為下痢而嚴重脫水。痢疾是全球第一號兒童殺手，而孟加拉的兒童死亡率在世界上數一數二。

我們能夠為這個大問題提供什麼幫助嗎？

答案是可以。

到了今天晚上，這位憂心如焚趕往醫院的達卡母親，可能正躺在家中的床上，而她的嬰兒在她身旁熟睡。

我在達卡的醫院看到幾十個像她這樣的母親。

感謝一些令人欽佩的科學研究和國際合作，加上一種稱為口服補液的療法，百分之九十五的嬰兒得以健康地離開醫院。

醫生給脫水的孩子一種含有鹽和糖的溶液喝，讓孩子的小腸補充水分，這個療法每年使幾百萬個家庭免於喪子之痛。

孟加拉的國際痢疾研究中心最早發展出口服補液療法，而一個叫做「孟加拉鄉村進步委員會」的團體將其用於一千三百萬的母親身上，現在嬰兒的

我們有無數方法，可以幫助那些遙遠的鄰居，改善他們的生活品質。

死亡率已經急速下降。

看起來很快就會有痢疾的疫苗，保護孩子不受痢疾的荼毒。

這些事情在在讓我們看到，假如我們把最棒的想法擺在一起運作，我們可以幫助鄰居解決一些看似不可能的問題。

有的時候，當我們在做好事時，預期之外的好運會降臨到我們頭上。

我會這麼說，是因為這個簡單的救命方法不只造福了地球上最窮苦國家的人，每個地方的父親和母親都應該慶祝有這種療法。

今天，當洛杉磯或倫敦的嬰兒因為瀉肚子或腸胃炎而脫水時，醫生通常會告訴父母類似的療法，他們所能拿到的藥方「Pedialyte」，就是前面所說的口服補液。

美國的父母可以在家附近的超市架子上買到這種藥，有部分要感謝那項在孟加拉開始的改變生命的研究。

勇者的肖像

Portraits of Courage

勇氣不只是美德的一種，而是所有美德在檢測點的呈現。

——《愛麗絲夢遊仙境》作者路易斯・卡洛爾

如果有人認為世上最窮困的人不會像我們一樣深愛自己的孩子，那他就大錯特錯了。

我有一張很珍貴的照片，是曼德拉、前總統卡特和我在南非一間叫左拉診所的地方拍的，我們每個人手上都抱著一個嬰兒。

那張照片真的很棒，我相信假如流入新聞記者手中，報紙上的標題一定是：兩個諾貝爾獎得主和一個退休律師——在當保姆。

那些人瀕臨死亡的邊緣，而我們可以救他們，
光是這一點，就足以讓我們出手幫忙。

● 如果你想觸動成年人的心，並提醒他們為什麼人該去做有意義的大事，最好的辦法就是讓他們抱一抱自己協助拯救的孩子。老比爾・蓋茲（左）、曼德拉（南非前總統），和卡特（美國前總統），攝於南非索韋托的左拉診所。

凡是有愛滋病的孕婦都可以來左拉診所求診，現在有種藥可以減少垂直感染的機會，大幅降低未出生胎兒感染愛滋病的危險。

我們手中嬰兒的母親，都在懷孕期間來這裡接受治療。

那天做的檢測都顯示——感謝四美元的新藥——我們手上抱的嬰兒都沒有感染到愛滋病，他們是健康的孩子。

當我抱著那個小男孩時，我驚嘆現代醫學的神奇，更讚嘆他母親的勇氣。

跟那天早上在診所的每個母親一樣，她非常了解非洲女性罹患愛滋病的悲慘命運，她會遭到社會所摒棄。

但她還是來了，因為她希望能救她的孩子。

有些人以為貧窮國家的婦女都是無知的，沒有想過就不斷生下小孩，不懂得家庭計畫。

但是當他們了解，在開發中國家生孩子需要多大的勇氣時，他們就會改觀。根據估計，每年有五十萬個婦女、四百萬個新生兒死於難產或懷孕

疾病和貧窮不只是經濟問題、國家安全問題，而是人道的問題。

併發症。

你可以去問問這些婦女，為什麼她們要再生小孩，她們可能會告訴你，因為她們希望有一個孩子能活到成年。

這些活在貧窮環境中的人沒有退休金、沒有社會安全卡，也沒有儲蓄帳戶。他們的退休計畫可能就是一小塊田，他們知道，假如他們太老無法下田，或是得了瘧疾不能下田，他們和家人只能坐以待斃。

過去幾十年來的研究顯示，假如母親看到孩子可以存活下去，她會生比較少的孩子。比較少、比較健康的孩子，表示整個家庭的生活也會比較好。

許多人認為疾病和貧窮是經濟問題，或是國家安全問題，但是對我來說，這些是人道的問題。我們談的是人，他有無限的價值。那些人瀕臨死亡的邊緣，而我們可以救他們，光是這一點，就足以讓我們出手幫忙。

非洲，我們看到你了

Africa, We See You

這塊土地需要幫助它的子民，這些人永遠不會讓自己沮喪氣餒。——史懷哲

當我訪問非洲時，我受到了非洲人民的熱情歡迎。我記得有一次到中非共和國，他們唱歌、跳舞、打鼓來歡迎我們。音樂停止時，他們要我上台做出合宜的正式反應。在那種時候，我常對自己說：「老天，我真希望我能像他們一樣跳舞！」不久前我在烏干達訪問時，我再也無法抵抗音樂的節奏，加入了他們跳舞的行列。

二〇〇一年我第一次去非洲時，去了莫三比克，參加我們基金會支持的

有一點跟非洲絕對無關：
缺乏希望。

一個國際團體所舉辦的首次疫苗日。

當時，排隊等待注射疫苗的第一個孩子是個女孩，她經歷了很多想像得到的苦難，但她撐過了一切。她在母親懷中，等待著注射疫苗。

她的名字在葡萄牙文是Esperanza，翻譯成英文是「希望」的意思。

從那次以後，我又去了非洲很多次，每次我都聽到充滿希望的生命故事。我曾經拍過一張照片，是母親帶著兩個小孩在走路，她走在泥土路上，手上抱一個，另一隻手牽一個。她的朋友聽說二十哩外有免費的疫苗可打，他們沒有巴士，不管要去哪裡都只能用走的（其實也沒幾條路可供巴士行駛）。她下定決心，要讓她的孩子接種疫苗，所以她就走來了。

我沒有辦法告訴你她的名字，但是我可以知道她的心，我可以找出幾十個跟她一樣的母親故事。

我在全世界各地都看到這樣的母親，因為每一個Esperanza，後面都有

一個跟她一樣的母親或祖母。

還有一個母親讓我的心中充滿希望，我拍了一張她在唱歌的照片。

在非洲，好消息和重要的訊息都是透過歌聲來傳遞，這個母親屬於一個唱歌跳舞的團體，她們有時會在千人以上的群眾前表演。她們唱的是給其他母親的訊息，告訴她們，假如去買用殺蟲劑噴過的蚊帳，孩子們睡覺時就能受到保護，不被傳染瘧疾的蚊子叮咬。

我心中最讓人感到希望的畫面之一，來自一個我碰到的女士，她在栽培烏干達的種子。當我想到她時，就會在心中看到她站在哈佛大學的講堂上。她真的在那裡過。

她受邀去哈佛大學商學院演講非洲的商業模式，因為她在培育一種能夠抵抗疾病的種子，使非洲未來的收成更好。她很漂亮、優雅，很會說話，她是新一代的女性企業家，替非洲發展最大潛能，同時也照顧到自己的收入。

有一點跟非洲絕對無關：缺乏希望。

非洲有許多國家、許多文化，也充滿了很有精神、很有資源的人民，他

在我們的生活中，
被人看到、被人認識、被人鼓勵是多麼重要，

們努力工作，希望克服這些挑戰。對他們未來的可能性很重要的一點，就是讓他們知道我們看到他們了。

他們說在南非祖魯族的傳統中，當兩個人見面打招呼的時候，第一句話會是「我看到你了」（I see you）。

另一個人的回答則是「我在這裡」（I am here）。

這反映出他們的信念：一個人不足以為人，除非他或她被別人看到。

這種打招呼的方式強而有力地宣示了，在我們的生活中，被人看到、被人認識、被人鼓勵是多麼重要，這也跟我們是什麼樣的人有關❾，同時也讓我們看到社群在生活中所扮演的角色。

所以，做為一個世界社區的公民，我很想說：非洲，我們看見你了。

❾原書註：很多孩子是從父母、老師和同儕的眼光來知道自己是什麼樣的人。

與巨人同行

Walking with Giants

有一個會出現在所有慈善家名單上的名字，那就是「洛克裴勒」。

我閱讀洛克裴勒家族史時，注意到我們家和他們有一些意想不到的小關係。

首先，幫助約翰‧洛克裴勒發展慈善事業的，是一個叫蓋茲的人。費德‧蓋茲不是我們的親戚，但在進行準備時，也採用了類似的高標準。

他諮詢過幾十個專家，據說他讀了幾百本書，才替洛克裴勒訂定出他慈善的宗旨和目標。

當我讀到費德‧蓋茲的獎學金時，特瑞正在著手蒐集手邊所能拿到的資料，好決定他和瑪琳達要做哪方面的慈善工作（他那時還沒讀到一百本

要成功，你一定要找到志同道合的夥伴共同打拚。

書）。

我知道最後是約翰・洛克裴勒的兒子——小洛克裴勒完成了捐出他父親財產的舉動。我在想，我會不會是史上唯一把兒子的錢花出去的人？洛克裴勒家族替這麼多人做了這麼多事，幾乎不可能一一詳述。在世界健康的領域裡，隨便我們轉到哪個方向，我們都會發現洛克裴勒在那裡，而且早就進行了好幾年。

當我們決定去做兒童免疫方面的事情時，發現洛克裴勒基金會早在一九八〇年就在努力，我們的慈善工作建構在他們的基礎之上。

當我們對打擊瘧疾和肺結核有興趣的時候，我們發現洛克裴勒已經在全球研究過如何預防和治療，在某些案例之中，他們已經做了一百年。

愛滋病的案例也是一樣。我們跟洛克裴勒基金會一起工作時，學到一個教訓：要成功，你一定要找到志同道合的夥伴共同打拚。

我們也了解到，這些目標不會在短時間內就出現結果，洛克裴勒基金會在困難的問題上琢磨了好幾個世代。

沒有比農業更真實的領域，洛克斐勒基金會致力於增加農作物產量，餵飽飢餓的世界，以及使窮人脫離貧困。

在二十世紀初期，美國南方很像開發中國家，支持新品種的培育，贊助移動學校，使貧窮的黑人農夫和他們的妻子可以接受教育，從最現代化的耕田方式到如何製作罐頭保存食物，一概都學。

在一九四〇到一九六〇年間，洛克斐勒和福特基金會和開發中國家的政府合作，把最新的農業技術轉移到拉丁美洲和亞洲。

這項工作後來被稱為「綠色革命」（Green Revolution），使開發中國家的糧食增產了一倍，打擊飢餓，救活了幾百萬人的生命。一九七〇年，洛克斐勒基金會的科學家、最先開創綠色革命的諾曼・波拉格博士因此榮獲諾貝爾和平獎。

受到洛克斐勒基金會的成功所激勵，我們的基金會和他們攜手在非洲開始新的綠色革命。

過往的歷史讓我們了解到，不論國土大小，每一個國家都必須藉著提升

不論國土大小，每一個國家都必須藉著提升農產品產量，把自己從貧窮中拯救出來。

農產品產量，把自己從貧窮中拯救出來。

我們預期幾年後，非洲的農夫可以生產出比現在多兩到三倍的食物，吃不完的更能變賣換錢。

這樣應可幫助非洲下撒哈拉地區的千百萬人民脫離貧困，過比較好的生活。

想要達到這個大膽的目標，需要付出一切的努力，從支持新的、耐乾旱、耐蟲害的育種到發展金融財務，鼓勵銀行貸款給農民，而且利息不能太高。這會打開新的市場，轉換自給農業的潮流，聚焦在小農身上，將非洲國家從輸入國變成輸出國。

我們找出我們認為最有機會成功的人，幫助他們學會所需的技術和知識。

像是烏干達的種子女企業家喬瑟芬，她到哈佛大學演講時，講的是蒸蒸日上的種子批發事業，而她是在家裡後院開始她的事業的。

假如沒有洛克斐勒基金會的努力，像喬瑟芬這樣的企業是不可能存

在的。

有人說洛克裴勒的慈善傳統，可以追溯到約翰・洛克裴勒的母親伊萊莎・大衛森・洛克裴勒。她是個熱心的女士，把孩子都教養成很好的基督徒。

我想洛克裴勒夫人會跟我一樣，很高興見到喬瑟芬的成功，知道她的價值觀傳了六代，從孩子的孩子，再傳到孫子的孫子。她的後代現在幫助女性餵飽家人，改善她們的環境，使她們的國家更加繁榮。

在讀費德・蓋茲所寫的《洛克裴勒基金會的故事》時，我發現有許多故事值得分享。雖然這本書只寫了洛克裴勒基金會前五十年所做的事情，但是有一個故事我會永遠記得。

一九四〇年代時，有兩個住在德國的人死於納粹集中營，他們都留下了可觀的遺產，捐給洛克裴勒基金會。

一位是醫生，另一位是企業家。

他們彼此不認識，基金會也不認識他們。我們只能假設，在那個黑暗的

假如你覺得人生中有份特別的任務，
那麼你就應該去追求。

時刻，他們都認為洛克裴勒基金會是唯一值得信賴的基金會。

假如很多年以後，比爾和瑪琳達蓋茲基金會也能像洛克裴勒基金會一樣，得到這樣的信任，我就知道我們做對了。

The People You Meet Showing Up

當你遇見的人參與改變

一個偉大的老師教什麼科目並不重要，重要的是他留下的身教。

——《聆聽你的生命》，長老會按立牧師費德・布赫納作品

出席和參與所能獲得最好的收穫，就是你會遇見最讓你驚奇的人。在我人生中有個完美的例子，那就是比爾・傅吉醫生。

他出身貧窮，在華頓盛州東部的小農村長大。當他還是男孩時，史懷哲醫生的故事感動了他，他夢想也能成為醫生去非洲服務。這個夢想促使他到了奈及利亞擔任醫療傳教士，後來成為世界聞名的流行病學家，主導讓天花絕跡。

出席和參與所能獲得最好的收穫
就是你會遇見最讓你驚奇的人。

傅吉醫生為許多人出席了許多場合。

他環繞世界的冒險經驗讀起來像小說。做為前疾病管制中心主任，他聚焦在預防和治療愛滋病上。做為「兒童存活專案」的幕後推手，他拯救了幾百萬個孩子的生命。他得到醫學最高榮譽獎，最近被《美國新聞和世界報導》提名為美國最佳領袖。

在我們基金會的創辦初期，傅吉醫生幫我們發展出全球健康工作的策略，在我們探索疫苗和免疫的可能性時提供指引。他始終是個值得信賴的顧問。

然而，對我個人來說，傅吉醫生不止於此，他是一位良師。除了別樣東西，他還教了我「鄰居」這個字的意義。

他說，我們的鄰居包含一百萬個父母，他們因為失去孩子而永遠哀傷，但是這種疾病非常容易預防。他說，我們的鄰居更包括兩百年後才要出生的孩子。

後面那句話會從他口中說出來，並不令人意外，因為他和活在兩百年前

的人的關係，就跟他正在交談的我一樣。

當他告訴我以前那些人的故事時，你幾乎能感覺他們就在你身邊。他談到英國的科學家金納，十七世紀末期，他從長了牛痘的女工手上的膿包取出血清，給罹患天花的男孩當疫苗用；也談到法國的巴斯德醫生，他後來建議全世界把「免疫」（immunization）稱為「疫苗免疫」（vaccination），以表示對金納的敬意；還有美國的傑佛遜總統，他讓天花病毒保持存活，一路跨過大西洋帶回美國，好製造疫苗讓家人免疫。

從傅吉醫生的成就來看，他大可擁有強烈的自我意識，但他卻不然，跟他交談時，你會發現他是個謙謙君子，也是真正用心過生活的人。

儘管他目睹了人類受苦的各種情況，他仍保持樂觀的心，他的樂觀足以照亮一整個房間。他會說是因為即使在最困難的情況下，他的工作還是讓他看到了我們可以做什麼來改善情況。

我向他學習到一個人生課程，假如你覺得人生中有份特別的任務，那麼你就應該去追求。你可能不會因此致富，不過你會保有你的靈魂，甚至因此

我們的鄰居更包括兩百年後才要出生的孩子。

改變了整個世界。

或許我從傅吉醫生身上學到最啟發人心的人生課程，是雖然媒體總先注意到名人，而非先注意到英雄，但是在我們中間，還是有真正的英雄。

傅吉醫生用任何老師都能傳授的最佳方式教了我一堂課——以身作則。

模範市民

A Master Citizen

每一次我要準備畢業典禮致詞時，我都會花好幾個星期問自己或任何願意聽我說話的人：「對畢業生來說，他們想聽到人生最重要的哪些事？」在上次的畢業典禮上，我得到的結論是三件事——家庭、朋友和公共服務。次序也代表了重要性的先後。

個人生活有其好處，但是我認為很重要的是——而且也能讓一個人的生活更豐富——成為更大社群的一分子。

我很幸運，有機會去觀察我們社會中的模範市民，那個人就是我的老朋友丹・艾文士。

他是成功的工程師、三屆的華盛頓州長、美國的參議員和大學校長。直到今天，在公共服務了五十年之後，假如有個重要的公共議題出現，而他認

好公民是永遠找事情做的人。

為可以幫得上忙的話，他還是會跳下去幫忙，就像打NBA美國職業籃球賽時，球員在情勢越緊張的時候，就越是想把球搶到手中。

很多年前，他和妻子南西來我們胡德運河的家拜訪時，我就知道他有多想要「行動」，因為他是個天生的領袖。那次他來我們家度週末，我們的行程排得滿滿的，計畫了一堆活動，然而星期六下午，還是有個短暫的空檔。

我們坐在後院的木板陽台上等待受邀前來晚餐的客人，艾文士像個小孩子似的閒不下來。他說：「這裡沒什麼事可以做嗎？」我想了一分鐘，回答：「我們本來想要油漆匹克球⑩球場的條紋線。」

艾文士馬上跳起來說：「太好了，油漆在哪裡？」

我給了他刷子和油漆，他一整個下午都在做這件事。

我觀察艾文士很多年，學到了一件事，成為我對好公民定義的基準之一：好公民是永遠找事情做的人。

⑩原書註：對不熟悉這種運動的人來說，匹克球是美國家庭玩的一種球賽，場地大約像羽毛球場那麼大。

艾文士的生活有一種引起別人尊重的特質。

他在環保議題不流行時，暢談他對環保的理念。他在州稅結構也還不流行時，全力去建構州稅的結構。他在各種辯論中獲勝或認輸。

但是，即使不同意他意見的人，也從來不會懷疑他人格的完整性。

我永遠不會忘記西雅圖運動場開幕時，人們臉上的尊敬表情。他在開幕前宣佈不再競選連任，當他和南西被介紹出場時，六萬名原本靜默的觀眾站起來鼓掌，現場歡聲雷動。

人們感激他的誠實，以及他長期在公共服務上的特殊表現。他永遠不論政治壓力，只做他認為對的事。

在我心中，他宛如政治家的榜樣，也是選他出來的人民的優秀榜樣。

我曾想過要寫一篇文章留給我的孩子，讓他們知道一直做正確的事情有多重要。

後來我想到，不必寫了，因為他們是圍著艾文士，在他身邊長大的。

一切的問題都不足為懼

There's No Problem Bigger Than We Are

當我們志同道合，為了相同的理想在奮鬥時，一切的問題都不足以懼。

許多人以為扶輪社是商人一週聚會一次、賣產品給彼此的俱樂部。自從我們開始基金會，我才去參加這麼多次扶輪社聚會，因為一個人不可能對使全世界兒童免疫有熱情，卻不來到扶輪社。

二十多年前，當大部分的志工團體都將解決街頭巷尾的問題當成目標時，扶輪社已經在進行全球性的抗爭，沒有人認為他們會贏。他們要消滅全世界的小兒麻痺症。

從那以後，扶輪社革新了我們對「可能性」的觀點，一般人也可以對世界做出顯著的改變。

現在談到小兒麻痺症，已經不會使美國境內的任何人心驚膽戰，因為它不再是威脅了，但是以前並非如此。

我的女兒克莉絲蒂出生於一九五三年，在那個時候，美國非常流行小兒麻痺症。當時還沒有疫苗，跟每個父母一樣，我很擔心她會不會因為到了不乾淨的游泳池而傳染到小兒麻痺症，最後要靠鐵肺呼吸。

一九五〇至六〇年代的大量疫苗接種，終止了父母們的恐懼，到了一九八〇年，已經沒有人在乎小兒麻痺症了。沒有人在乎，除了扶輪社之外。

那時在較為窮困的國家，小兒麻痺症每天仍使一千個孩子生病。這正是為什麼一九八五年，有一百四十個國家、一百萬個以上的扶輪社社員接受消滅小兒麻痺症的挑戰。

打從他們開始挑戰，他們減少了全球百分之九十九的小兒麻痺症。扶輪社社友做所有的事，從利用個人假期到遙遠的地方幫孩子接種疫苗，到遊說政府官員，到停止內戰，好讓他們為百萬個小朋友接種疫苗。他們讓我們看到如何發動人民、募款，超過咸認為志工所能辦到的規模，以及創造私人與公家的合作關係，好處理全球性的大規模問題。

扶輪社革新了我們對「可能性」的觀點，
一般人也可以對世界做出顯著的改變。

我和大部分的專家都認為，扶輪社可以達成這個大膽的目標，最後把小兒麻痺症從地球上消滅殆盡。

在這一路上，他們教了我，當我們志同道合，為了相同的理想在奮鬥時，一切的問題都不足以懼。

這些數字來自我們的鄰國

These Numbers Are Our Neighbors

關於苦難，他們從來沒有看錯，這些大師們多麼了解苦難在世上的狀況。了解別人在吃東西、打開窗戶，或只是無聊地走路時，苦難是如何發生的……

——英國詩人W. H. 奧登

我有一個流行病學家的朋友莎莉・史坦費爾醫生，她曾告訴我一個故事，解釋了為什麼人們有時會對他人的受苦產生盲點。

她陪十一歲的兒子去參加他同學的葬禮，這個同學自殺身亡。葬禮結束後，兒子對她說：「希望這件事發生在我不認識的人身上。」

這是我們有時對發生在地球另一端的孩子死亡的感覺。我們要保護自

不再轉身逃走，反而學習擁抱這些問題，
我們就可以、而且一定會克服它們。

己，不想知道真正的悲劇以免難過。

轉身離去可能是天性，但要是我們都這麼做，有時待在痛苦旁邊的希望就會遠離我們。

看看下面的數字，你或許能感受到一種希望的感覺，去做，可能就有機會改變。

- 即使在開發中國家，窮人比富人仍短命五到十年。
- 在過去的二十五年，在非洲的下撒哈拉地區，每天生活費不到一美元的人數增加了將近一倍。
- 每三十秒，世界的某個角落就有一個孩子死於瘧疾。

在這些統計數字的旁邊有希望存在：有些科學家在研發瘧疾的疫苗來預防這個疾病，還有科學家在研究更好的治療方式，好治療不幸罹患的人。

我知道我們可以改變這些數字，事實上，我看到全世界的人致力在改

變它。

當我們不再轉身逃走，反而學習擁抱這些問題，將其視作自身的問題時，我們就可以，而且一定會克服它們。

公共意志

Public Will

我一而再、再而三地看到樂觀贏過悲觀。

我一而再、再而三地看到樂觀勝過悲觀。

在三〇年代經濟大蕭條時，即使你不是個悲觀的人，都會擔憂未來是否有好日子等著的美國夢，但是我們從那些肅殺的日子裡學會了，人的精神是壓不垮的，樂觀和希望一定會贏過悲觀。

二次世界大戰後，政府的退伍軍人法案讓我上了大學，和我一起的還有幾千名解甲歸田的戰士。當時不是每個人都贊成讓退伍軍人去讀書，有人擔心國家負擔不起，有人認為讓一般的老百姓去唸大學，會降低美國學術界的水準。

歷史證明這些人都錯了，我們的大學反而因為湧進這些清新、渴望學習的心智而更有活力。因為國民教育水準提高了，賺的錢也多，國家生產毛額

大幅成長，遠超過美國人當時投資在退伍軍人身上的教育經費。

在二次世界大戰結束後不久，美國開始推動「馬歇爾計畫」，這是一個前所未有的計畫，美國投資幾百萬美元去幫助我們的盟友以及以前的敵人，讓別國從廢墟中站起來。馬歇爾計畫被視為「親善」的標竿性援助行為，因為所費不貲，在一開始並未得到各界支持。而歐洲經濟迅速復甦，帶給美國的利益以及後來全球貿易的成長，都遠超過當年的美援。還有一點更重要的是，美國被全世界公認為最強盛、最慷慨的國家。

後來，我見到了歷史上所謂的「冷戰」，從柏林圍牆到古巴飛彈危機，國與國之間多年來以武力恫嚇對方。有很多美國人以為會打第三次世界大戰，有些人甚至在後院挖了防空洞，學生在學校裡學習如果炸彈丟了下來，要蹲下來，雙手抱頭。老百姓害怕共產黨，導致政治家、演員、老師等各行各業的人都被列入黑名單，說他們是同情共產黨的人。在漫長的冷戰期間，自由世界透過它的理想和價值觀，最後還是勝利了。

我這一生所看到最偉大的勝利就是民權運動，這項運動一直到今天還方

每個重要轉變之所以發生，
都是因為背後有公眾的意願要它發生。

興未艾。具有勇氣的男人、女人都站出來說話、遊行，為他們心中正義的平等而犧牲。由他們開始的工作至今尚未完成，但是他們的精神和榜樣已經讓我們看到這個社會有無窮的可能性，它給予人民同等的權力、同等的法律保護和同等的機會。

我對全球進步的樂觀想法，建立在我在世界各地所看到的各種人和事。當我為比爾和瑪琳達基金會出去查訪時，我遇見了很多人，像是前往開發中國家，把健康和希望帶給貧窮地方的醫生和護士。

我曾經碰過在貧窮國家出生的醫生，他們到美國讀書，拿到醫生執照，然後回到家鄉，改變那裡。

多年來，我見到一群又一群的好人，包括其他基金會的代表，他們每天在困難的環境下工作，試圖減少貧窮或根除貧窮、改善健康狀況、強化婦女權力、替農夫爭取田地、把飢餓的人餵飽。

近年來，這些人和這些組織的努力喚醒了人們對全球的責任。二〇〇〇年九月，一百四十七位國家領袖在聯合國開會，表達他們對消除貧窮、疾病

及環境破壞的決心。他們表達了對新科技的希望，強調全球意識和增加財富可以用來解決問題。他們同意八個「世紀發展目標」（Millennium Development Goals），並設定二〇一五年為完成日期。這些目標分別是減輕貧窮、改進教育、改善母親健康、兩性平等、打擊兒童死亡率、愛滋病和其他疾病等等。

貧窮的國家承諾要改進政府效率，投資在國民的健康和教育上。有錢的國家則承諾要幫助他們，透過貸款、救濟和優惠貿易的方式來支持。美國和一些已開發國家則承諾提供國家生產毛額的百分之零點七，來支持世紀發展計畫。

悲觀的人請注意：在經濟大蕭條的時候、在冷戰的時候，或在民權運動最困難的時候，誰會想到全世界一百四十七個國家會聚集在一起，互相商議，為國際性的發展目標背書？而且還設定達成目標的時間？

我對這個歷史性的轉捩點做過一番思考，如果能在對的時機，把這些活動、相關的文化和做事的方法綜合在一起，就可以改變全世界。

如果能在對的時機，
把這些活動、相關的文化和做事的方法綜合在一起，
就可以改變全世界。

在民主社會，以及在走向民主的世界裡，我認為改變的轉捩點是「公眾的意願」。這是一個抽象概念，你看不見、摸不著，也買不到。

但是，每個重要轉變之所以發生，都是因為背後有公眾的意願要它發生。當事情不成時，是因為公眾還不願意。為什麼民權運動會發生在一九六〇年代，而不是一九四〇年代？原因就出在公眾意願上。

公眾意願是每一個個體公民意識的總和，是公民深思熟慮後的行為。你參加一個團體、你讀一份報紙、你簽署一張請願書、你寫一封信給你的民意代表、你去投票、你捐獻時間或金錢、你和別人進行友善的辯論，假如這些團體、報紙、請願書、信、投票和辯論都指著同一個方向時，這就是公眾的意願。

你做了一件正確的事，得到全民的贊同，這就是公眾意願的表現，這時民眾會表現出禍福與共的精神。

這正是我認為這些國家的代表聚集在一起，訂定出世紀發展目標所表現出來的精神。他們之所以這麼做，是因為全球人民的共識進化到願意支持這

個目標。

現在正要參與世界的世代，越來越了解全球事件。我希望他們能秉持著我們當年民權運動的精神，來爭取全球平等。

讓我告訴你，為什麼我認為他們會這麼做。

在這些國家簽署世紀發展目標同意書八年後，有一天我的孫女放學回家，給我看她的家庭作業。

老師要他們去查、去研究世紀發展目標。我感到很驚訝，而且雀躍不已。

籬笆上的破洞，如何使一個男孩從窮人變成詩人

How a Hole in the Fence Led a Boy from Poverty to Poetry

那次交換使我第一次產生一個珍貴的想法：人類其實命運與共，彼此聯繫。——聶魯達

對開發中國家所送出去的禮物，有一天會回到我們的世界。

我至今難忘在看諾貝爾文學獎得主、詩人聶魯達所撰寫的〈關於做個好鄰居的力量〉時，深深受到這篇文章吸引的感覺。

根據《禮物：想像力和財富的性愛生活》的作者路易士・海德所說，聶魯達說在他還是小孩子時，有一天在秘魯的老家後院玩，從一個籬笆的小洞窺看外面的世界。

突然間，他覺得不太對勁，急忙把手縮了回來。

在那個時候，他看到一個同齡男孩的手穿過了那個洞，剎那間那隻手就

消失了，但是卻留下了一個禮物——一隻被玩得很舊的玩具小羊。這讓聶魯達覺得很神奇。

他當下的反應是跑回家找一個他最喜歡的玩具，放在籬笆的小洞上做為交換。多年後，他寫到這次交換，他說：

「感受到被我們所愛的人的愛，就像一把火溫暖充實了我們的生命。但是感受到陌生人的愛……是更偉大、更了不起的，因為它拓寬了我們的團體界線，把全人類包容在一起。」

聶魯達甚至說他的詩是他對這個世界的回饋，感謝在那一天、在那一剎那，一個陌生男孩跟他的親密接觸。

現在的確很難想像，我們對開發中國家所送出去的禮物，有一天會回到我們的世界；但假如我們能認真對待他們和我們生活方式的差異以及不平等，並且努力解決，這份禮物將會比我們送出去的擴大很多倍。

起始點

A Place to Start

在場、出席、參與，是一切的開始。

前史隆凱特林癌症中心的主任路易士・湯瑪士博士曾寫到，他在地球的生物中（包括我們）都看到了合作的證據。他認為合作是生命和進步的基礎，我非常贊成他的觀點。

我自己在世界上的許多地方目睹合作的力量，人們以各形各色的方式，毫無畏懼地彼此合作。

我相信人類學家瑪格麗特・米德也有同樣的經驗，才會寫下志工們奉為圭臬的話：永遠不要懷疑團結的力量。一個小小的公民團體同心協力，可以改變世界，事實上，合作是改變世界唯一的力量。

我認為不論我們的角色是配偶、家長、家人、朋友、公民，或僅僅身而為人，只要願意參與，事情就會開始改變。我有一個了不起的朋友，嫁給了

一個了不起的丈夫，可惜她丈夫卻在盛年時罹病過世。

在她孀居滿一年時，她送了一封聖誕節的信給朋友，告訴他們她的近況，她說雖然信裡寫得不多，但她很好，不要為她擔心。

在信的結尾，她分享了一段她在瑞雀．娜歐米．雷門的作品《自然心藥》上讀到的話，而這段話正好也是我所深信的：

「生命是個老師，但是它通常不是透過科學的研究，而是透過經驗，才讓我們得到最深沉的學習。我們在世上生存只有一個目的：就是有智慧地成長、學會愛人。我們可以從生命中必然有的輸和贏、成功和失敗、有和無裡去學習智慧和愛人。我們所需做的不過就是出席、參與，展開胸襟去接納別人……要完成生命的目的，應該要看我們如何扮演角色，而不是被動地去處理事情。你一定要在場才會贏。」

這個訊息非常清楚。

在場、出席、參與，是一切的開始。

一個小小的公民團體同心協力，
就可以改變世界。

● 成為知名基金會的代表的好處之一，就是能夠認識很多很棒的人。照片中就是我在印度德里遇到的幾個很棒的人。

感謝

Acknowledgments

除了你在本書中所遇見的人物之外，還有很多對本書出版有貢獻的人，但是他們的故事沒有被收錄進來。在此我要向這些朋友和同事致謝，他們幫我在一盒盒的家庭照片中，找到合適的來用，他們從舊檔案中查詢日期、軼事，也對我的簡單假設提出嚴肅的問題。

感謝我最長任期的助理，也是我們家庭長期的朋友，寶妮・克蘭尼，也要對林恩・寇普、艾瑞卡・麥唐諾、萊恩・瑞培爾、傑若米・德夫納、珍妮佛・麥斯特和珍奈・縈恩表達謝意。

感謝吉姆・布萊曼，他使一九三〇年代觸動我們生命的人和事栩栩如生重現出來，過去七十五年來，我有幸稱他為「朋友」。

感謝莫妮卡・哈靈頓，她是溝通專家，也是這本書的幕後功臣，她的經

驗和技巧使這本書最後得以出版呈現在您面前。

感謝瑪麗・安・麥欽，她擴大了這本書的格局，我原先只想寫給我的三個孩子看，是她幫我把幾百個個人故事組織成有條理的整體。謝謝湯姆・麥卡錫幫我編輯。

感謝安德魯・懷利和史考特・摩耶，他們是懷利經紀公司的經紀人，他們只讀了十幾頁，就能想像出後面的兩百頁，有勇氣接手這本書，當我的經紀人。感謝羅傑・史庫爾，他是雙日出版集團的資深編輯，負責把書稿變成書。

最後，也是最重要的，永遠感謝我的家人，謝謝他們的支持和鼓勵。感謝內人咪咪，還有我的孩子克莉絲蒂、特瑞和莉比，他們先看了草稿，在我記憶不及之處提供了建議。

謝謝你們全體，謝謝你們的參與和支持。

國家圖書館出版品預行編目資料

比爾・蓋茲是這樣教出來的——成功的關鍵就在人格的養成！／老比爾・蓋茲＆瑪麗・安・麥欽 作；洪蘭譯. -- 初版. -- 臺北市：平安, 2010[民99] 面；公分. --
(平安叢書；第0352種 UPWARD；028)
譯自：Showing Up for Life: Thoughts on the Gifts of a Lifetime
ISBN 978-957-803-770-0（平裝）
1.修身 2.親職教育 3.人格教育

192.1 99009939

平安叢書第0352種
UPWARD 028

比爾‧蓋茲是這樣教出來的
成功的關鍵，就在人格的養成！

Showing Up for Life:
Thoughts on the Gifts of a Lifetime

作　　者—老比爾・蓋茲＆瑪麗・安・麥欽
譯　　者—洪蘭
發 行 人—平雲
出版發行—平安文化有限公司
台北市敦化北路120巷50號
電話◎02-27168888
郵撥帳號◎18420815號
皇冠出版社(香港)有限公司
香港上環文咸東街50號寶恒商業中心
樓2301-3室
電話◎2529-1778　傳真◎2527-0904
出版統籌—盧春旭
責任編輯—許婷婷
版權負責—莊靜君
外文編輯—洪芷郁
美術設計—王瓊瑤
行銷企劃—周慧真
印　　務—林佳燕
校　　對—黃素芬・陳秀雲・許婷婷
著作完成日期—2009年
初版一刷日期—2010年7月

法律顧問—王惠光律師

讀者服務傳真專線◎02-27150507
電腦編號◎425028
ISBN◎978-957-803-770-0
Printed in Taiwan
本書定價◎新台幣250元/港幣83元